FACULTÉ DE DROIT DE L'UNIVERSITÉ DE PARIS

De l'Application

DU REPOS HEBDOMADAIRE

Dans les Chemins de Fer

THÈSE POUR LE DOCTORAT

Présentée et soutenue le Lundi 15 juin 1908, à 4 heures

PAR

Henry LOUBERS

Lauréat de la Faculté de Droit de Montpellier, du Concours général (1er prix 1905)
et de l'Académie de Législation de Toulouse

Président : M. JAY, *professeur*

Suffragants { MM. THALLER, *professeur*
DESCHAMPS, *professeur*

PARIS
IMPRIMERIE HENRI JOUVE
15, Rue Racine, 15

1908

THÈSE

POUR

LE DOCTORAT

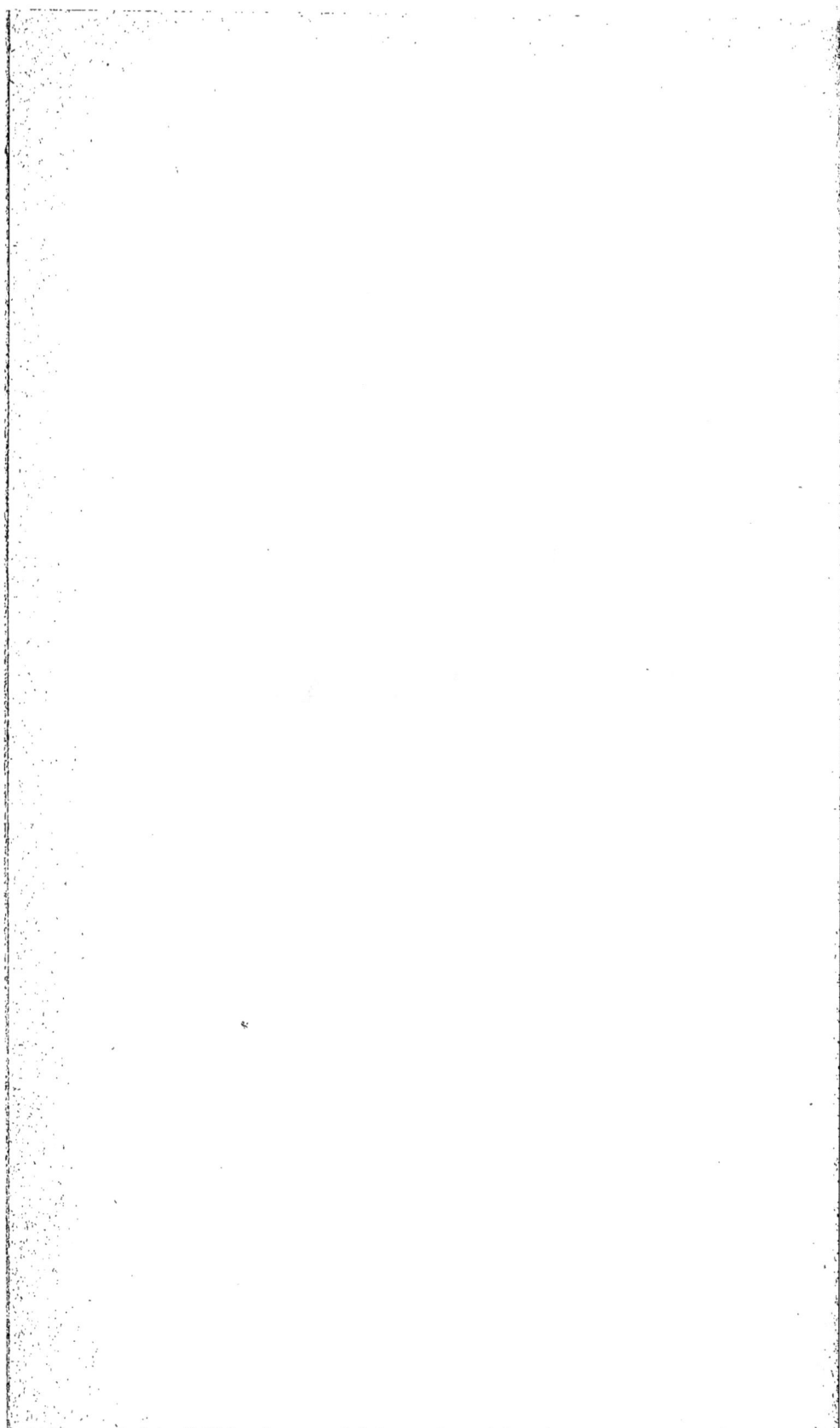

FACULTÉ DE DROIT DE L'UNIVERSITÉ DE PARIS

De l'Application
DU REPOS HEBDOMADAIRE
Dans les Chemins de Fer

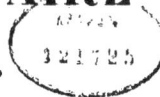

THÈSE POUR LE DOCTORAT

Présentée et soutenue le Lundi 15 juin 1908, à 4 heures

PAR

Henry LOUBERS

Lauréat de la Faculté de Droit de Montpellier, du Concours général (1er prix 1905)
et de l'Académie de Législation de Toulouse

Président : M. JAY, *professeur*

Suffragants { MM. THALLER, *professeur*
DESCHAMPS, *professeur*

PARIS
IMPRIMERIE HENRI JOUVE
15, Rue Racine, 15

1908

La Faculté n'entend donner aucune approbation ni improbation aux opinions émises dans les thèses ; ces opinions doivent être considérées comme propres à leurs auteurs.

ÉTUDE

De l'Application du Repos Hebdomadaire

DANS LES CHEMINS DE FER

Les membres du Parlement et les publicistes, qui
se font les interprètes des vœux du personnel attaché à l'exploitation des chemins de fer et les organes
de ses revendications ont souvent signalé les dangers
auxquels pouvaient donner lieu les excès de travail
imposés à certains agents dont les fonctions intéressent très particulièrement la sécurité publique ; nombreux sont en effet les accidents qui n'ont d'autre
cause que le surmenage imposé aux mécaniciens,
aux conducteurs ou aux aiguilleurs dont la moindre
défaillance peut avoir les conséquences les plus redoutables et les plus irréparables.

De son côté, l'administration des grandes compagnies n'a jamais cessé d'étudier la question avec une
constante vigilance, et l'on trouve les traces de cette

préoccupation dans le rapport de la commission d'enquête instituée en 1853 ; dans le rapport du Comité de l'exploitation technique sur la proposition de loi présentée en 1882 par M. de Janzé et plusieurs autres députés ; dans de nombreuses circulaires ministérielles et notamment dans celles du 3 mai 1864 et du 17 avril 1883.

Aussi la réglementation du travail s'est-elle manifestée de très bonne heure au profit des ouvriers, employés et agents attachés à l'exploitation des voies ferrées.

Mais si cette réglementation apparaît comme plus indispensable que dans toute autre industrie à raison des conséquences particulièrement désastreuses que pourraient entraîner des abus, dans nulle autre branche de l'activité industrielle, cette réglementation ne se heurte à des difficultés plus considérables ;

Il paraît en effet impossible de lier par des règles trop étroites une industrie d'activité essentiellement variable comme celle des chemins de fer, et d'édicter des prescriptions uniformes applicables à tous les agents sans tenir compte de l'intensité de leur travail, de la diversité de leurs fonctions.

Malgré ces difficultés, et grâce à des études constamment renouvelées, à des tentatives toujours modifiées suivant les nécessités révélées par la pratique, cette réglementation était, depuis 1901, assez exactement assurée à l'aide de circulaires ou d'arrêtés émanés du ministre des Travaux publics auquel la loi de 1845 donnait compétence à la matière.

Mais cette réglementation d'une, part, atteignait seulement une minorité du personnel, car elle avait uniquement pour objet le maintien et la défense de la sécurité publique, laissant par conséquent en dehors de son domaine d'application tous ceux dont les fonctions n'intéressent pas directement la sécurité des transports.

D'autre part elle avait surtout pour objet de limiter les heures de travail comprises dans une même période envisagée, et d'assurer aux employés qu'elle intéressait des repos suffisants pour les maintenir en haleine et leur assurer le libre exercice de leurs facultés physiques et intellectuelles.

Mais, depuis quelques années (1), la nécessité s'est imposée de garantir aux ouvriers de l'industrie, comme à tous les travailleurs de toutes catégories, des repos périodiques, leur permettant de *se délasser* loin de leurs ateliers ou de leurs usines, dans la paix du foyer et la liberté reconquise, *de reprendre*, avec des forces nouvelles pour le labeur interrompu, la

---

1. Cette préoccupation n'est d'ailleurs pas nouvelle, et nombreux sont les textes anciens réglementant le repos hebdomadaire :

Décret de Childebert, 552 ; ordonnances de Pépin, 744 , de François Ier, 7 janvier 1520; Charles IX, 1560 ; Henri III, mai 1579 ; Louis XVI, 30 avril 1778 ; loi du 18 novembre 1814.

conscience de leur dignité et de leur indépendance, le sentiment de la famille et de ses joies.

Grande était cependant la difficulté d'imposer à toutes les industries, à toutes les entreprises commerciales un jour de chômage unique ; et cependant c'était, semble-t-il, le seul procédé permettant d'atteindre le résultat poursuivi, et de donner au repos hebdomadaire toute son efficacité et toute sa valeur, les membres de la famille devant se trouver libres le même jour pour goûter les douceurs d'un loisir commun.

D'un autre côté fallait-il arrêter toute activité industrielle ou commerciale pendant un jour par semaine. C'était une réforme trop dangereuse pour la prospérité de certaines industries, trop radicale aussi, trop contraire à l'Etat actuel des mœurs et des habitudes.

Les tentatives, les vœux et les études ont abouti enfin au vote de la loi du 13 juillet 1906 qui réalise un système transactionnel, impose la nécessité d'un jour de repos par semaine, indique que le jour de chômage doit être de préférence le dimanche, mais prévoit pour un certain nombre d'entreprises d'une part la faculté d'accorder le repos par roulement, d'autre part des dérogations exceptionnelles.

Dans quelle mesure le personnel des chemins de fer doit-il et peut-il bénéficier du repos hebdomadaire ? Quelles modifications doivent être apportése au régime de la périodicité pour faciliter la concession de repos de longue durée au personnel des agents et des employés tout en conciliant les exigences évidentes de l'exploitation des voies ferrées, et la nécessité même de la périodicité requise dans les repos ; tel est l'objet de cette étude.

Nous envisagerons d'abord la question de savoir si la loi du 13 juillet 1906 doit s'appliquer aux travailleurs de la voie ferrée (chapitre I).

Après avoir retracé le régime de la réglementation antérieure des repos périodiques (chapitre II), nous examinerons les démarches et les propositions faites en vue de l'extension du bénéfice de cette loi au personnel qui en était exclu. En faisant connaître les vœux et les desiderata formulés par le personnel intéressé (chapitre III).

Le chapitre IV sera consacré à l'étude de la réglementation de détail adoptée par la compagnie en conformité des vœux établis.

Dans le chapitre V, nous envisagerons les conséquences financières de la réforme réalisée ; enfin les données empruntées aux législations étrangères nous permettront de formuler dans notre conclusion une appréciation d'ensemble sur cette réforme.

CHAPITRE PREMIER

DANS QUELLE MESURE LES OUVRIERS ET EMPLOYÉS DES CHEMINS DE FER SONT-ILS EXCLUS DU BÉNÉFICE DE LA LOI DU 13 JUILLET 1906 ?

I

L'article 17 de la loi du 13 juillet 1906 sur le repos hebdomadaire est ainsi conçu : « La présente loi... ne s'applique pas aux ouvriers et employés de chemins de fer dont les repos sont réglés par des dispositions spéciales.

La question s'est alors immédiatement posée de savoir dans quelle mesure devait être étendue l'exclusion ainsi formulée par la loi. Fallait-il considérer que tous les agents des chemins de fer en général devaient être tenus d'une manière absolue en dehors du bénéfice de la loi du 13 juillet 1906 ? Fallait-il au contraire, s'attachant à la restriction résultant du dernier membre de phrase concernant les textes spéciaux à la matière, limiter seulement l'exclusion prononcée par l'article 17, aux seuls agents dont les repos périodiques ou quotidiens avaient fait l'objet d'une réglementation particulière ? De ces deux interprétations, la plus large paraît avoir été adoptée en fait, et l'opinion générale tenait tous les agents des chemins de fer sans exception pour exclus du bénéfice de l'obligation légale du repos hebdomadaire. Ce fut en quelque sorte là l'interprétation officielle, encore que M. Barthou dans une intervention à la Chambre au cours de la discussion du budget des travaux publics (Ch. des dép., séance du 7 décembre 1906. *J. off.*, du 8) ait eu l'occasion, tout en affirmant et en consacrant pour ainsi dire cette interprétation, d'indiquer qu'elle reposait sur une erreur manifeste.

Le texte pris en lui-même, et sainement analysé peut évidemment apparaître comme donnant une égale force aux deux interprétations, et suivant la place que l'on donne à la virgule qui le ponctue, la mention concernant les textes spéciaux réglant les repos périodiques ou quotidiens des agents des chemins de fer apparaît comme une restriction précise, ou simplement comme une réflexion d'ordre purement général.

Il importe donc, pour déterminer avec exactitude le sens de l'article 17 de rechercher au travers des discussions auxquelles a donné lieu son élaboration au cours des travaux préparatoires, quelle portée

ont entendu lui reconnaître ceux là même qui l'ont
rédigé.

Dans son rapport à la Chambre des députés,
déposé le 16 janvier 1902 (annexe 2881), M. Georges
Berry indiquait, d'une manière absolument générale d'ailleurs, que la loi nouvelle ne devait porter
aucune atteinte aux exigences commerciales, indus-
trielles ou administratives du pays et formulait cette
remarque de simple bon sens : « Ne faut-il pas en
effet que les chemins de fer puissent tous les jours
transporter les voyageurs et les marchandises », ce qui
dans sa pensée n'excluait peut-être pas entièrement
les chemins de fer de l'application de la loi proposée,
mais indiquait simplement la nécessité d'admettre en
leur faveur une organisation particulière qui pouvait
être simplement celle du roulement.

Mais au cours de la séance du 27 mars 1902 à la
Chambre des députés (*J. off.* du 28), le texte de l'article 1, distribué ayant été rédigé dans ces termes :
« Les ouvriers de l'un et l'autre sexes ne peuvent
être occupés plus de six jours par semaine dans les
manufactures, entreprises de transport par terre et
par eau, et leurs dépendances de quelque nature que
ce soit. » M. Charles Ferry, président de la Commission, fit connaître que les mots « entreprises de transport par terre et par eau », rayés par la commission
avaient été à tort retablis par l'imprimeur, et il
ajouta : « Ils doivent être tenus pour non avenus.

ce qui n'est pas surprenant, puisque la Chambre a légiféré il y a peu de temps sur les chemins de fer, et a admis le repos décadaire. »

Mais M. Fournier indiquait immédiatement les tendances très nettement opposées à cette exclusion, manifestées, non pas seulement par les intéressés directs, mais aussi par tous les syndicats ouvriers, dont toutes les lettres portaient, disait-il, depuis longtemps la mention suivante : « facilitons tous le repos hebdomadaire aux ouvriers des postes et télégraphes et des chemins de fer en retardant nos lettres et nos envois. »

II

La discussion au Sénat, peut au contraire nous fournir des données plus fermes et plus précises sur la véritable portée de l'article 17 ou plutôt de la disposition qui est devenue dans le texte définitif l'article 17.

L'article 11 du projet, présenté dans le rapport de M. Poirrier au Sénat (texte *J. off*. Doc. parl., mai 1905, p. 18) était ainsi conçu : « Les dispositions de la présente loi ne sont pas applicables aux ouvriers et employés des entreprises de transport par terre ou par eau ; aux mécaniciens, chauffeurs et agents des trains de chemins de fer, aux agents des gares et de la voie dont les repos quotidiens et périodiques sont réglés par des dispositions spéciales.

Dans son rapport, M. Poirrier s'est exprimé ainsi: « En ce qui concerne les employés de chemins de fer, plus que tous autres, ils ont besoin non seulement de repos périodiques, mais de repos quotidiens suffisamment prolongés pour qu'ils puissent réparer les fatigues physiques et morales résultant surtout pour certains d'entre eux d'une grande tension d'esprit, et d'un travail effectué aussi bien de nuit que de jour par toutes les intempéries. Le bon état des forces des agents est une des conditions essentielles de la sécurité du public. Ce n'est pas une loi sur le repos hebdomadaire qui pouvait régler les repos quotidiens et périodiques, intimement liés l'un à l'autre qu'il conviendrait d'accorder en raison de la diversité de leur travail aux différentes catégories d'agents. »

« Nulle exploitation n'est aussi complexe que celle des chemins de fer. On ne trouve dans aucune autre des conditions de travail aussi différentes pour le personnel occupé et par suite les nécessités du repos vàrient avec la nature des occupations.

En effet le travail des mécaniciens et des chauffeurs ne ressemble pas à celui des agents du train. Tout autre est celui des agents des gares qui est différent de celui de la surveillance et de l'entretien de la voie. Tout autre encore est la nature de travail des aiguilleurs, des gardes-sémaphores bloqueurs, de celui des gardes-barrières. Enfin dans aucune entreprise on n'a à satisfaire de la part du public a des besoins aussi impérieux et le personnel n'a une aussi lourde responsabilité.

« Ce sont des décrets, des arrêtés, des circulaires qui ont réglé jusqu'à ce jour ces questions de durée de travail, de repos périodiques ou quotidiens qui intéressent à la fois la santé du personnel et la sécurité du public.

. . . .

« Une loi spéciale dans laquelle est comprise cette question des repos des employés de chemins de fer est pendante depuis plusieurs années devant le Parlement.

Les difficultés de diverses natures qu'elle présente ont empêché jusqu'à présent encore qu'elle puisse aboutir... Mais d'après les assurances qui en ont été données il y a quelques semaines à la tribune du Sénat, les études parlementaires et extra-parlementaires touchent à leur fin...

« Si votre commission avait voulu comprendre les chemins de fer dans la loi qu'elle vous soumet, il aurait fallu qu'elle recommençât tout le travail auquel s'est livrée depuis quelques années la commission spéciale et qu'elle se substituât à cette commission.

« Si une loi n'était pas en élaboration votre commission aurait pu assurément comme elle l'a fait pour les **agents** des services publics comprendre dans la loi les agents de chemins de fer mais elle aurait été obligée de les soumettre à des dérogations supplémentaires : c'eût été retomber sous le régime actuel des décrets et des arrêtés.

... « Le conseil supérieur du travail auquel les difficultés n'ont point échappé s'est contenté d'émettre le vœu suivant : que le repos hebdomadaire ou des repos périodiques équivalents seront accordés aux employés de chemins de fer et de tramways en ménageant au besoin les délais nécessaires pour la réalisation progressive de cette réforme.

« Nous ne pensons pas autrement.

« La solution de la question du repos hebdomadaire ne présente pas autant de difficultés pour les employés de tramways que pour les employés de chemins de fer, car s'il y a une similitude entre les entreprises de chemins de fer et de tramways, il n'y en a aucune dans leur mode d'exploitation. Les employés de tramways ne figurent pas dans le projet spécial sur les employés de chemins de fer soumis au Sénat. En conséquence nous avons cru devoir les comprendre dans la présente loi. »

Ce passage du rapport de M. Poirrier est important à retenir, parce que, outre l'affirmation qu'il indique très nettement du principe de l'application de la loi aux ouvriers et employés de tramways, question un instant débattue, il fait connaître d'une façon très claire l'intention du législateur, rendue plus manifeste encore par l'intervention de M. Strauss au cours de la séance du 3 juillet 1906, au Sénat.

Ce n'est point, d'après les paroles prononcées par le rapporteur, aux textes ou aux dispositions actuellement en vigueur, touchant la fixation des repos périodiques et quotidiens des employés de chemins de fer que le législateur a voulu s'attacher, pour établir ainsi une distinction entre ceux de ces agents qui bénéficiaient, sur ce point particulier, d'une législation spéciale, et ceux auxquels une pareille protection n'avait point été accordée. C'est en considération de textes déjà votés, et mis à l'étude que la Commission s'est décidée à exclure des dispositions de la loi sur le repos hebdomadaire les ouvriers et employés des chemins de fer.

Or, ces textes, le rapport de M. Poirrier l'indique implicitement, et leur examen nous le démontrera d'une manière définitive, ont une portée générale et embrassent, au moins quant à la réglementation des repos périodiques, l'ensemble des ouvriers et employés sans aucune distinction.

Et c'est d'ailleurs pourquoi certains membres du Sénat ayant demandé à faire supprimer de l'article 17 la nomenclature des ouvriers de chemins de fer, pour la remplacer par le terme générique « ouvriers et employés de chemins de fer », pour lesquels il devait y avoir des dispositions spéciales, et M. Strauss ayant indiqué que cette mesure était surtout destinée à rassurer un certain nombre d'employés inquiets et émus à la pensée d'être exclus purement et simplement de la loi sans le bénéfice de dispositions ou de compensations spéciales, le Sénat a adopté la rédaction actuelle.

Aussi, lorsque dans la séance du 7 décembre 1906 M. Barthou s'exprimait en ces termes : « C'est par suite d'une erreur de fait qu'on a confondu une minorité dont la situation était réglementée et protégée avec une majorité qui échappe aux dispositions de la loi » et que dans la séance du 11 décembre, M. Arthur Groussier, répondant au ministre des Travaux publics, affirmait que l'article 17 n'excluait nullement la totalité des employés de chemins de fer, ils raisonnaient, nous semble-t-il, en prenant alors en considération la législation existante, ou plus exactement la réglementation actuelle, et non les dispositions nouvelles, déjà discutées et votées dans le principe, beaucoup plus générales dans leur application et très certainement déterminantes de l'attitude adoptée par le législateur.

III

Il résulte d'autre part, tant des termes de l'article 17 de la loi que des déclarations formelles de M. Barthou, répondant, dans la séance du 11 décembre 1906, à la Chambre, aux questions posées par MM. Bedouce, Coutant et Dumont que la loi du 13 juillet 1906 est sans aucune hésitation applicable aux compagnies de tramways (1). M. Bedouce ayant fait connaître que certaines compagnies urbaines se refusaient, en invoquant l'article 17, à donner le repos à leurs employés, M. le ministre des Travaux publics répondit qu'il prendrait, d'accord avec M. le ministre du Travail, des mesures précises pour qu'aucun doute ne pût s'élever ou subsister sur ce point, et pour instruire les inspecteurs du travail dont certains jusque-là avaient hésité à dresser des procès-verbaux au cas de contravention constatée. D'ailleurs outre la circulaire ministérielle du 17 décembre 1906 (*Bull. ann. ch. de fer*, 1907. 1. 42) réalisant cette promesse, la Cour de Cassation (Crim., 17 mai 1907, Rouchette) a formellement posé le principe de l'application intégrale. Par contre les compagnies de chemins de fer d'intérêt local doivent être tenues pour visées par l'article 17 (déclaration de M. Barthou, séance du 11 décembre 1906 ch. dép. ; Circul. min., 12 juin 1907, *Bull ann, chem. fer*, 1907. 1.48).

Aux chemins de fer d'intérêt local ont d'ailleurs été assimilés les réseaux de tramways faisant à la fois le service des voyageurs et des marchandises (Circul. min. du 12 juin 1907 ; *Bull. ann. chem. fer*, 1907. 1.48).

---

1. V. aussi le rapport de M. Poirier précité.

CHAPITRE II

LA RÉGLEMÉNTATION ANTÉRIEURE DES REPOS PÉRIODIQUES ET LES PROJETS DE RÉFORME

Quel était donc au moment du vote définitif de la loi du 13 juilllet 1906 : 1° L'état de la réglementation du travail dans les chemins de fer ? 2° Quels étaient les textes votés et non encore définitivement adoptés, mais visés par le législateur de 1906 et déterminants de la décision qu'il a formulée dans l'article 17 ?

Ce sont là deux points dont l'examen s'impose pour ainsi dire à titre préalable ; d'abord pour solutionner la question que nous avons déjà posée dans notre introduction. c'est-à-dire celle de savoir dans quelle mesure le personnel des chemins de fer doit-être considéré comme exclu de l'application de la loi du 13 juillet 1906 ; ensuite parce que cet examen et cette étude nous permettront de mieux apprécier les modifications et les conséquences déterminées dans le régime ouvrier de l'exploitation des moyens de transport par voie ferrée par l'application béné-

vole du principe du repos hebdomadaire spontané-
ment proposée par les grandes compagnies de chemins de fer dans une lettre collective adressée au
ministre des travaux publics à la date du 21 septembre 1906 (*Journ. des Transports*, 29 sept. 1906,
pp. 457, 458).

Depuis longtemps déjà le ministre des Travaux
Publics a pris l'habitude d'intervenir, en vertu du
pouvoir de contrôle qui lui est conféré sur l'exploitation et l'organisation des compagnies de chemins
de fer, pour réglementer en partie du moins les conditions du travail imposé à chacun des agents principaux participant à cette exploitation. Nulle occu-
pation n'exige une attention aussi minutieuse, un
effort aussi constant, une tension nerveuse aussi
déprimante que celle des mécaniciens, chauffeurs,
aiguilleurs et autres agents qui coopèrent dans une
proportion plus ou moins considérable et par une
intervention plus ou moins immédiate à assurer et
garantir la régularité de la marche des trains. Nulle
fonction, d'autre part n'intéresse aussi directement
la sécurité générale et dans peu de branches de l'activité industrielle ou commerciale les erreurs ou les
négligences peuvent avoir des conséquences aussi
désastreuses et aussi meurtrières. C'est pourquoi, au
nom de la protection de la sécurité publique le ministre des Travaux Publics a été investi par l'ordonnance du 15 novembre 1846 du droit de déterminer

les conditions et la durée du travail de certains
emplois. Mais le motif qui a inspiré cette attribution
d'autorité en indique du même coup la mesure et la
limite, et réduit aux seuls emplois intéressant la sécurité publique le domaine de la réglementation ministérielle ; en ce qui concerne cette sécurité, et pour
tous les emplois dont le fonctionnement importe à
sa garantie, le ministre puise des pouvoirs étendus
dans les articles 60 et 69 de l'ordonnance déjà citée,
comme aussi d'ailleurs dans l'article 9 de la loi du
11 juin 1842, dont la sanction est indiquée par l'ar
ticle 21 de la loi du 15 juillet 1845.

Cette intervention ministérielle s'est manifestée par
des circulaires et des arrêtés nombreux, s'appliquant d'ailleurs exclusivement aux mécaniciens,
chauffeurs, aiguilleurs, agents, des trains de la gare
et de la voie, décisions, circulaires ou arrêtés dont
il faut maintenant présenter le tableau, mais dans
lequel nous ne retiendrons que les dispositions relatives à l'organisation et au quantum des repos
périodiques, négligeant volontairement comme étran-
ger à notre sujet, tout ce qui concerne la réglementation de la durée du travail journalier.

I

L'intervention ministérielle s'est jusqu'au début
de l'année 1899 et au ministère Baudin exclusivement
manifestée par des circulaires, dont l'initiative fut

d'abord peu hardie et qui de plus présentaient l'inconvénient très grave de demeurer entièrement dépourvues de sanctions pratiques. C'est ainsi que sous le ministère Guyot Dessaigne trois circulaires 29 mars 1896 ; 16 mai 1896 ; 30 juillet 1896 furent adressées aux compagnies, concernant la durée du travail des chauffeurs et des mécaniciens et rappelant les dispositions anciennes préconisées déjà par les circulaires de M. Jonnart, 4 mai 1894 (*Bull. ann.* 94, p. 131), et la limitation à 100 des heures de travail comprises dans une même période décadaire, c'est-à-dire une même période de dix jours consécutifs.

Ces circulaires, auxquelles il faut joindre surtout celle du 4 avril 1891 et les deux plus anciennes du 30 octobre 1855 et du 9 mai 1865 n'avaient point abordé le problème des repos périodiques, se bornant à limiter le nombre d'heures de travail comprises dans une unité de temps dont le cadre avait d'ailleurs varié (délai de vingt-quatre heures dans les circulaires du 25 avril 1892 et du 4 avril 1891, décade depuis la circulaire du 4 mai 1894).

En ce qui concerne les agents des trains, conducteurs (de tête ou de queue), la sollicitude ministérielle ne s'est éveillée qu'assez tard et si les divers projets de loi que nous aurons à examiner ont eu à s'occuper de la réglementation des conditions de leur travail, il faut arriver au régime des arrêtés Baudin pour trouver en leur faveur et surtout au point de vue qui nous occupe une mesure précise et pratique ; d'ailleurs ce silence prolongé s'explique par cette considération que leurs fonctions intéressent moins directement la sécurité publique et qu'une négligence de leur part ne saurait entraîner des conséquences aussi redoutables que celles d'une faute commise par un mécanicien ou un aiguilleur.

En ce qui concerne les agents des gares, la réglementation de leur travail et de leur repos, assez indifférente aussi au souci de la sécurité publique, est compliquée singulièrement par deux sortes de considérations :

1° L'irrégularité du nombre et des heures de passage des trains ; les heures d'ouverture et de fermeture des gares. Aux termes de l'article 50 du cahier des charges des concessions, l'administration financière supérieure doit régler les heures de fermeture et d'ouverture des gares ; l'arrêté du 12 juin 1866 (remplaçant celui du 15 avril 1859) fixe les délais d'expédition et de livraison de gare à gare des marchandises ; l'article 5 § 3 fixe les heures d'ouverture et de fermeture des gares indiquant d'ailleurs des délais minima ; successivement les arrêtés du 16 février 1887 et du 9 mai 1891 sont venus modifier les heures ainsi déterminées. Cependant l'arrêté du 12 juin 1866 ajoute que par exception les gares seront fermées les jours fériés et les dimanches à partir de

10 heures du matin, tant à la réception qu'à la livraison des marchandises à petite vitesse.

Mais cette limitation des heures d'ouverture des gares aux jours fériés et aux dimanches ne paraît pas avoir eu pour résultat de diminuer aux mêmes dates les heures de travail des employés et de leur assurer un repos périodique. En effet, M. Basly pouvait, dans la séance du 7 avril 1892 (*J. off.* du 8, Ch. dép.) constater qu'en réalité, aux jours de fermeture des gares, les employés demeuraient au travail, comme à l'ordinaire, jusqu'à six heures du soir, et le ministre lui répondait en alléguant la nécessité de s'occuper des colis qui avaient été remis, de chiffrer les taxes, de préparer les récépissés et les lettres de voiture, de déposer les colis dans les vagons et de les y ranger, toutes opérations évidemment indispensables et difficiles à renvoyer au lendemain. Cependant par une circulaire du 8 octobre 1892 (*Bull. ann.*, 1892, p. 245), le ministre ordonna une enquête, tendant à étudier les mesures propres à assurer la fermeture complète des gares de petite vitesse les dimanches et jours fériés et les conséquences de cette innovation. Cette enquête demeura d'ailleurs sans résultat, et après qu'une circulaire de M. Barthou eut fixé à douze heures le maximum de la journée de travail avec une durée de repos égale au moins à sept heures sur vingt-quatre, l'arrêté du 1er août 1898 fixa seulement à neuf heures du matin la fermeture des gares de petite vitesse les dimanches et jours fériés, en admettant même des exceptions pour les denrées délicates, œufs, beurre, volailles, fruits, légumes, poissons, indispensables à l'alimentation et d'un transport difficile.

En ce qui concerne les agents de la voie, c'est-à-dire les employés qui doivent assurer la surveillance, l'entretien et le fonctionnement des voies, et dont les fonctions intéressent au plus haut point la sécurité publique, il importe d'établir une distinction, assez généralement admise, entre d'une part les aiguilleurs, gardes-sémaphores, gardes-barrières, et les simples cantonniers ou poseurs de voies.

Les conditions du travail des premiers ont été singulièrement améliorées par les progrès de l'exploitation technique, leur rôle est désormais en grande partie automatique, et les postes d'aiguillage, abrités et confortables où se trouvent réunis tous les leviers que le même employé doit manier, contribuent dans une très large mesure à rendre l'exercice de ces fonctions, d'une si haute importance et d'une si redoutable gravité, à la fois moins absorbant et plus aisé.

Quoi qu'il en soit les circulaires du 30 octobre 1855 et 30 octobre 1856 s'occupent déjà des aiguilleurs ; les circulaires du 3 mai 1864, 6 novembre 1894, 29 mars 1896 fixent à la journée de travail un maximum de douze heures, mais aucune disposition n'apparaît avant 1899, concernant l'attribution de repos périodiques.

La même remarque d'ailleurs s'impose en ce qui concerne les autres agents de la voie, dont le travail n'est nullement réglementé avant 1901.

II. — *Régime des arrêtés.*

A cette réglementation du travail assurée simplement à l'aide de circulaires, et dont l'inefficacité tenait d'abord à la timidité et à la prudence de son initiative, ensuite et surtout à l'absence à peu près complète de sanction légale qui le caractérisait, M. Baudin en 1899 substitua le régime des arrêtés dont nous devons présenter l'analyse au moins rapide. Ces arrêtés, dont on a contesté à tort, semble-t-il, la légalité, et dont nous avons par avance indiqué la justification et le fondement puisés dans l'ordonnance du 15 novembre 1846 et plus spécialement dans les articles 60 et 69 de cette ordonnance trouvent leur sanction dans l'article 21 de la loi du 15 juillet 1845 ainsi conçu : Toute contravention aux ordonnances royales portant règlement d'administration publique sur la police, la sûreté et l'exploitation du chemin de fer et aux arrêtés pris par les préfets sous l'approbation du ministre des Travaux publics pour l'exécution desdites ordonnances sera puni d'une amende de 16 à 3.000 francs ; en cas de récidive dans l'année l'amende sera portée au double et le tribunal pourra selon les circonstances prononcer en outre un emprisonnement de trois jours à un mois.

Si les circulaires ministérielles antérieures à 1899 avaient dans une certaine mesure limité la durée de la journée de travail, ou le nombre d'heures susceptibles d'être utilisées pendant une certaine période individuellement envisagée, elles n'avaient nullement visé les repos périodiques et n'avaient point imposé leur nécessité au profit des employés dans l'intérêt desquels leur intervention s'était produite. La limitation des heures d'ouverture des gares de petite vitesse les jours fériés et les dimanches n'avait en réalité aucune influence sur la durée de la journée de travail des employés.

Au contraire les arrêtés de 1899 et ceux qui les ont modifiés ont expressément stipulé l'obligation d'accorder aux différents employés protégés des repos périodiques de longue durée et c'est spécialement à ce point de vue que nous allons examiner le régime qu'ils ont établi.

a) *Mécaniciens et chauffeurs.* — L'arrêté du 4 novembre 1899 fixait à cent le nombre d'heures de travail par décade, et à cent cinquante le nombre par quinzaine ; mais en plus il stipulait que les mécaniciens et chauffeurs devront bénéficier d'un repos de trente heures tous les dix jours ou de vingt-quatre heures tous les quinze jours suivant que leur service comporte ou non des découchers hors de la résidence ; l'arrêté du 9 mai 1906 est venu sur ce point confirmer la disposition de l'arrêté de 1899 et dans une certaine mesure aggraver un peu sa portée, il est ainsi conçu : « 3. Pour les mécaniciens et chauffeurs de route (pour ceux par conséquent dont le service comporte des découchers hors de la résidence) il doit y avoir tous les dix jours en moyenne un grand repos de trente heures au moins ; les jours de repos sont comptés pour leur valeur diminuée de vingt heures dans le total de quatre-vingt-dix heures par neuf jours fixés par l'article 2. Pour les mécaniciens et chauffeurs de manœuvre (c'est-à-dire pour ceux qui n'ont ordinairement pas de découchers hors de la résidence) il doit y avoir un repos de trente heures tous les quinze jours en moyenne ou de vingt-quatre heures tous les dix jours en moyenne lorsque le mécanicien est assisté d'un chauffeur et dans le cas où il est seul un repos de trente heures tous les dix jours en moyenne ou de vingt-quatre heures tous les huit jours en moyenne. Ces jours de repos seront comptés pour leur valeur diminuée de vingt heures ou de quatorze heures suivant les cas dans le total de quatre-vingt-dix heures par neuf jours fixés à l'article 2.

Pour toutes les catégories d'agents l'intervalle entre deux grands repos consécutifs ne peut être supérieur à vingt jours ; durant les grands repos les agents sont dispensés de tout service et peuvent s'absenter de la résidence.

b) *Agents des trains*. — L'arrêté du 4 novembre 1899, qui demeure encore en vigueur en ce qui concerne les repos périodiques, fixe à cent cinquante heures le nombre maximum des heures de travail que doit contenir une même période de quinze jours envisagée et leur impose au moins un grand repos de vingt-quatre heures tous les quinze jours.

c) *Agents des gares*. — L'arrêté du 23 novembre 1899 limite à douze heures sur vingt-quatre la durée de la journée de travail avec un grand repos de neuf heures, et un répit d'une heure au moment du repas. Il sera accordé tous les mois une journée ou deux demi-journées de repos ; deux journées au maximum afférentes à deux mois consécutifs peuvent être cumulées.

De plus lorsque le service comporte une alternance de service de jour et de service de nuit, il doit être accordé vingt-quatre heures au moins de repos ininterrompu à chaque changement de service. Cependant des dérogations peuvent être accordées dans les gares ne comportant qu'un agent et un maximum de 3 trains par jour.

Enfin l'arrêté du 10 décembre 1903 est venu stipuler que les repos mensuels devaient comporter toujours une journée et deux nuits, alors qu'on les comptait antérieurement de midi à midi.

d) *Aiguilleurs, gardes-sémaphores, gardes-barriè-res* —. L'arrêté du 10 octobre 1901 maintient le maximum de 12 heures de travail par jour ; mais il fixe un minimum de un jour de congé ou deux demi-journées par mois ; et, s'il y a alternance un repos de 24 heures devra être ménagé à chaque changement de service ; cependant comme, d'ailleurs en ce qui touche les employés dont nous avons déja envisagé la situation, des dérogations peuvent être accordées dans des cas spéciaux (accidents, exigences du trafic,) mais qui doivent demeurer exceptionnels.

e) *Cantonniers, poseurs de la voie.* — Leur travail n'avait pas été réglementé jusqu'à l'arrêté du 10 octobre 1901 ; la difficulté de cette réglementation tient à la nécessité où se trouvent ces agents d'accomplir, ordinairement à pied, des trajets souvent fort longs pour se rendre sur le lieu de leur travail. L'arrêté du 10 octobre leur accorde également un jour de congé tous les mois ; la journée de travail est limitée à douze heures ; dix heures pour ceux de ces agents dont la femme remplit les fonctions de garde-barrière. Mais en réalité ces agents jouissent de repos périodiques plus nombreux que ceux qui ont été réglementairement prévus, car ils n'accomplissent le dimanche et les jours fériés qu'un service de surveillance, ou que des travaux de réparations urgentes pour lesquelles des équipes à effectif très réduit sont ordinairement utilisées.

Tel étant l'état théorique de la réglementation, il est intéressant de se demander, avant d'aborder l'examen des projets de réforme actuellement à l'étude, quelle en est la répercussion pratique et quel est en fait le régime auquel sont soumis dans les diverses Compagnies les divers agents protégés.

D'après le rapport dressé par M. Maison, directeur du service du contrôle du travail des chemins de fer (*Bull. off. du Travail*, 1906, p. 575), le régime serait plus favorable que celui créé par la stricte observation des textes.

Mécaniciens et chauffeurs. — Les grands repos périodiques de trente heures tous les dix jours ou de vingt-quatre heures tous les quinze jours, suivant que le service des agents comporte ou non des repos hors de la résidence, sont ordinairement supérieurs à la durée légale. Cette durée est ordinairement :

1° Pour les services comportant des découchers hors de la résidence ; au Nord, entre 30 h. 17 et 40 heures ; à l'Est, entre 30 h. 6 et 43 h. 31 ; à l'Ouest entre 30 h. 17 et 43 h. 18 ; à l'Orléans entre 30 heures et 44 h. 4 ; Au Paris-Lyon-Méditerranée entre 30 h. 3 et 43 h. 3 ; au Midi entre 30 h. 13 et 36 h. 15 ; à l'Etat entre 30 h. 10 et 44 h. 15. A la

Ceinture aucun service ne comporte de découcher hors de la résidence.

2° Pour les services n'emportant pas de découcher hors de la résidence : Au nord, 24 heures et 36 heures ; Est, 24 heures et 48 heures ; A l'ouest, 24 heures et 40 h. 31 ; Orléans, 24 heures et 41 h. 55 ; Paris - Lyon-Méditerranée, 24 heures ét 43 h. 20 ; Au Midi 24 heures et 35 h. 49 ; A l'Etat, entre 24 h. 36 et 40 heures ; A la ceinture, 29 h. 40 et 30 h. 30.

D'autre part, et dans bien des cas l'intervalle séparant deux grands repos consécutifs n'atteint pas la durée de dix jours fixée par l'arrêté du 4 novembre 1899 et celui du 9 mai 1906.

A l'Est, par exemple cet intervalle est de six jours seulement pour certains roulements de dépôt de la Vilette et de Longuyon de huit jours pour les machines 2.400 de Noisy-le-Sec et les machines des séries 1 et 2 Sézanne — dans d'autres services à Sézanne et Longuyon les grands repos reviennent tous les neuf jours ; ils renouvellent deux fois par quinzaine dans l'un des services de Nancy.

A l'ouest certains services de Chartres, Argenteuil, Dreux, Sotteville, Granville. Le Mans-Laval comportent des repos tous les six, sept ou huit jours.

A l'Orléans, certains roulements de Tours, Poitiers, Vierzon Cahors prévoient de grands repos tous les sept, huit ou neuf jours.

Au Paris-Lyon-Méditerranée l'intervalle descend

même à cinq jours pour quelques services ; il reste de sept, huit ou neuf jours dans nombre de roulements, à Paris, Montereau, Clamecy, Laroche, Nevers, Badan, Paray-le-Monial, Lyon-Vaise, Lyon-Mouche, etc.

Au Midi le grand repos revient tous les six jours aux machines 801 de Paulhan, tous les sept jours au 801 de Quillan ; tous les huit jours au 801 de Carcassonne ; l'un des roulements de Bordeaux comporte deux grands repos par décade.

A l'.. tat, certains services de Chartres, Chateau-du-Loir, Tours, Loudun, Thouars, Paimbœuf, Nantes, la Poissonnière, prévoient un grand repos tous les sept jours. L'intervalle est de sept à neuf jours dans les services de Niort, Saint-Mariens ; le personnel de manœuvre de nuit à trois repos de vingt-qua-heures par mois au moins au lieu de deux prescrits par le règlement.

Pour les agents des trains l'ensemble des repos périodiques pour tous les arrondissements du contrôle de chaque réseau donne des chiffres variants : Pour le Nord entre 24 h. 30 et 49 h. 43 ; pour l'Est, de 24 h. 30 à 41 h. 15 ; pour l'Ouest de 24 h. 18 à 47 h. 40 ; pour l'Orléans de 24 h. 10 à 57 h. 43 ; pour le P. L. M. de 24 h. 6 à 39 h. 37 ; pour le Midi de 24 h. 10 à 38 h. 36 ; pour l'Etat de 24 h. 27 à 38 h. 58 ; pour la Ceinture de 24 h. 44 à 32 h. 10, de plus les grands repos qui règlementairement doi-

vent être en moyenne accordés tous les quinze jours
sont souvent alloués à des intervalles moindres, parfois même réduits quand les services sont très
chargés.

Agents des gares. — Les repos bi-mensuels, mensuels ou semi-mensuels sont régulièrement attri-
bués ; cependant il semble, d'après le rapport de
M. Maison que les repos bi-mensuels, c'est-à-dire
d'une demi-journée par quinzaine aient une tendance à disparaître et ne seront plus guère utilisés
que sur la demande des agents eux-mêmes. Il est vrai
que ce rapport ne donne point la physionomie exacte
des conditions du travail dans les chemins de fer. Il
faut tenir compte du nombre considérable de dérogations qui sont constatées chaque année, considérable surtout si l'on songe que les agents du contrôle
n'en peuvent relever que quelques-unes.

III. — *Projets de réforme*

Cependant, malgré les constatations de fait, plutôt rassurantes fournies par le rapport du directeur
du service du contrôle du travail des agents de chemins de fer, et la comparaison toute favorable à ces
derniers, établie par l'enquête de l'office du Travail
en 1897, entre les ouvriers et employés des chemins
de fer et ceux des autres industries enquête de

laquelle résultait en faveur des compagnies et de
leurs employés, 1° une régularité absolue dans le
travail : trois cent vingt-cinq jours contre deux cent
quatrevingt-dix dans une autre industrie, pour une
même unité d'effectif ; 2° une durée moindre de la
journée de travail, dix heures au lieu de dix heures
et demie ; 3° enfin un salaire moyen plus élevé,
4 fr. 5o au lieu de 3 fr. 5o ; la réglementation, même
assurée par les arrêtés devait apparaître comme
nsuffisante à enrayer et à éviter des abus toujours
possibles et particulièrement redoutables. C'est ainsi
que M. Descube, à la Chambre, pouvait dans un
rapport indiquer des exemples de surmenage in-
croyables.

Une journée de mécanicien commencée à trois heures trente du matin ne s'est terminée que le lendemain à une heure trente, imposant à l'employé
vingt-sept heures de service ininterrompu, et comprenant quatorze heures de conduite de trains.

De même, M. Berteaux a maintes fois porté à la
tribune des exemples identiques. Certains agents,
d'après lui, seraient contraints de travailler vingt-
quatre heures aux changements de service. Enfin,
M. Maurice dans son étude sur la réglementation de
la durée du travail dans les chemins de fer signale
des excès du même genre dans les chemins de fer
d'Indre-et-Loire où les mécaniciens font parfois cent
cinquante-six heures de service avant de bénéficier
d'un repos de vingt-quatre heures.

Aussi depuis longtemps déjà l'attention du législateur s'est-elle portée sur les abus et sur les dangers et de nombreux projets de réforme ont ils été soumis au vote du Parlement.

Les premiers projets visaient presque exclusivement les mécaniciens et chauffeurs, agents des trains et aiguilleurs, tous agents dont les fonctions intéressaient le plus directement le maintien de la sécurité publique.

La proposition de loi Delattre, du 2 mars 1882 (Chambre, doc. parl., 1882, n° 511, p. 473), limitait à huit heures la journée de travail.

Une nouvelle proposition en 1894, émanée de M. Georges Berry, fut renvoyée devant la Commission du travail. M. Deslubes déposa son rapport à la séance du 21 décembre 1895. Cette proposition réglementait nettement la question des repos périodiques accordant aux agents déjà énumérés un congé de vingt-quatre heures tous les dix jours et un congé de douze jours par an destiné à compenser le repos normal du septième jour dont jouissent la plupart des ouvriers de l'industrie.

Le 26 novembre 1897, M. Turrel, ministre des Travaux publics (J. off., doc. parl., p. 226), déposait un nouveau projet de loi ; il vint en discussion à la séance du 30 novembre 1897 ; et un contre-projet fut alors présenté par MM. Berteaux, Jaurès, Rabier, qui après une destinée assez flottante et contradictoire, demeure encore aujourd'hui la base essentielle de toutes les réformes proposées, et en considération duquel très certainement le législateur a rédigé l'article 17 de la loi du 13 juillet 1906.

Ce sont en conséquence les dispositions de ce projet Berteaux, mieux connu aujourd'hui dans le monde ouvrier des chemins de fer sous le nom de loi Berteaux, que nous devons envisager ; mais de la loi Berteaux, qui règle à la fois la durée du travail et l'organisation des retraites nous ne retiendrons que les mesures relatives à la prévision et à la concession des repos périodiques dont la préoccupation seule touche à notre sujet.

Le contre-projet Berteaux fut adopté dans son ensemble par la Chambre des députés le 17 décembre 1897 ; elle décida que la réglementation projetée s'appliquerait à toutes les compagnies de chemins de fer et aux tramways sans aucune exception.

Le projet limitait la journée de travail, non plus en prenant pour base une période décadaire, mais un délai unique de vingt-quatre heures ; l'article 3 accordait aux agents des trains un congé payé de vingt-quatre heures tous les dix jours et quinze jours de congé par an, également payés.

Mais la Commission sénatoriale remania considérablement ces dispositions ; au cours des séances des 4, 6 et 7 juin 1901, le Sénat revint notamment au régime des moyennes par périodes plus ou moins longues pour la détermination de la journée de travail.

Cependant la Chambre, à son tour, repoussant toute réforme et toute modification, maintint son premier vote, adoptant à nouveau dans son intégralité le premier projet Berteaux.

Revenu une seconde fois devant le Sénat le projet y fit l'objet de plusieurs rapports de M. Godin.

Enfin par arrêté du 6 avril 1903 le ministre des Travaux publics institua une commission extra-parlementaire, chargée d'étudier les conséquences financières qu'entraînerait pour les compagnies le vote du projet Berteaux. Cette commission ayant terminé ses travaux, ses conclusions ont fait l'objet d'un rapport de M. Godin (Sénat, annexe à la séance du 23 juin 1905. Annexe n° 175) dans lequel on trouve sans effort l'explication du retard apporté au vote définitif du projet.

Pour les agents des gares comme pour les agents des trains, et d'ailleurs comme pour tous les ouvriers ou employés quelconques des chemins de fer, le projet, article 4, prescrit dans son état actuel le repos décadaire et un congé annuel de quinze jours, avec solde.

Les deux projets Godin au Sénat réglaient avec une bien moindre libéralité la question des congés. L'article 2 était ainsi conçu : Chaque période de 15 jours comprend un repos à la résidence de vingt-quatre heures au moins.

ART. 6. — Si la durée du travail prévue aux articles 1 et 2 est dépassée..... l'agent aura droit dans un délai minimum de deux mois à une prolongation des repos périodiques double du dépassement.

ART. 7 .— Tout mécanicien, chauffeur ou agent des trains a droit annuellement à dix jours de congé aux époques fixées par les compagnies mais avec faculté pour eux de réunir tout ou partie de ces congés en un seul congé.

Le tableau suivant (*annexe* n° 7 au 2 *rapp sup. plém.* de M. Godin *Sénat annexe* 175),p. 387, donne un résumé frappant des réglementations comparées des congés dans les divers projets actuellement encore en discussion.

DISPOSITIONS ACTUELLES	1er PROJET GODIN A	PROJET ROSE B	PROJET BERTEAUX C	2e PROJET GODIN D
Repos décadaires				
Mécaniciens, chauffeurs, agents des trains, agents des gares, surveillance et remaniement des voies ; gardes sémaphores, bloqueurs, aiguilleurs de pleine-voie, gardes-barrières.	Mécaniciens, chauffeurs, agents des trains.	Mécaniciens, chauffeurs, agents.	Tous les ouvriers et employés.	Comme en A.
Congés annuels				
Non réglementés	Mécaniciens, chauffeurs, agents des trains.	Mécaniciens, chauffeurs, agents.	Tous les ouvriers et employés.	Comme en A.
Repos décadaires				
Mécaniciens, chauffeurs, 3o h. tous les 10 jours en moyenne intervalle maximum : 20 j. 24 h. tous les 15 j. pour ceux qui ne découchent pas.	Mécaniciens, chauffeurs, chaque repos de 10 j. comprend un repos de 24 h. à la résidence.	Mécaniciens, chauffeurs, chaque mécanicien chauffeur. agent a 24 h. par décade, après un grand repos.	Mécaniciens, chauffeurs. Les ouvriers et employés de tous les services ont 24 h. de repos par décade.	Mécaniciens, chauffeurs, Comme en A
gents des trains, 24 h. tous les 15 j. en moyenne intervalle maximum : 3o j.	Agents des trains tous les 5 j. 24 h. de repos à la résidence.			
Congés annuels				
Non réglementés	Mécaniciens, chauffeurs, agents des trains 10 j. par an, époque fixée par la Cie, faculté de les réunir en 1 congé.	Mécaniciens, chauffeurs, agents. 15 j. par an, faculté de les réunir en 1 ou 2 congés.	Tous les ouvriers et employés, 15 j. par an.	Comme en A.

Ainsi le projet Berteaux dans sa rédaction nouvelle et définitive, telle qu'elle a été à plusieurs reprises adoptée par la Chambre des députés, rompant avec toutes les distinctions encore maintenues par les projets contemporains défendus tant devant le Sénat que devant la Chambre accorde le bénéfice des repos décadaires, et l'obligation ou plutôt le droit au congé annuel à tous les ouvriers et employés sans distinction; et c'est de cet article 4, que le législateur de 1906 avait certainement en vue, qu'il faut tirer la preuve de l'exclusion totale prononcée par la loi du 13 juillet à l'encontre du personnel tout entier des chemins de fer.

Au surplus une extension de la réglementation légale aussi hardie à toute une catégorie d'agents qu'aucun souci de la sécurité publique n'autorisait à considérer comme protégés, ne fut pas sans soulever les protestations très vives des compagnies, dont M. Noblemaire se faisait l'écho lorsqu'il écrivait :

Le Travail dans les chemins de fer. (*Revue des Deux-Mondes*, 1902, p. 1885.) — « L'article 4 de la loi relatif aux congés conduit à de telles conséquences qu'on ne peut croire qu'à un lapsus. Il ne vise plus uniquement les mécaniciens et agents des trains comme le faisait le texte de 1897, mais s'étend désormais aux ouvriers et employés de tous les services ; tout le personnel de nos ateliers aura droit tous les dix jours à un congé de vingt-quatre heures consécutives. Que penseront les ouvriers de l'industrie payés à la journée ou aux pièces ? Leur opposera-t-on la question de sécurité ? Mais il y a plus : les compagnies de chemins de fer donnent ordinairement à ceux de leurs agents commissionnés qui n'ont pas la libre disposition de leurs dimanches un congé de vacances de douze jours. En vertu de quel droit ces vacances sont-elles désormais imposées par la loi, portées à quinze jours, étendues aux agents de tous ordres ? Au nom de quel principe ? Cela n'est plus une question de sécurité. »

Ces protestations et ces craintes peuvent d'ailleurs trouver leur justification dans les conséquences financières, particulièrement onéreuses, signalées dans le rapport de M. Godin, comme devant résulter de l'application de l'article 4.

L'ensemble des frais supplémentaires qu'entraînerait cette application se résume pour chacune des six grandes compagnies dans les chiffres suivants :

Etat.............	2.355.967 fr.
Est.............	7.966.000 fr.
P.-L.-M..........	12.745.000 fr.
Midi............	3.488.040 fr.
Nord............	7.820.339 fr.
Ouest...........	6.958.000 fr.
Orléans..........	6.537.244 fr.

Le calcul de cette augmentation peut s'effectuer en effet avec une exactitude presque absolue.

Prenons pour exemple les agents de la voie pour lesquels le projet Berteaux règle uniquement l'attribution des repos décadaires et des congés annuels.

Les jours de repos à accorder sont ainsi de soixante-cinq, c'est-à dire cinquante jours de repos décadaire plus quinze jours de congés annuels, alors que ces congés sont actuellement de trente-quatre jours soit douze jours de congés annuels plus vingt-quatre jours de repos bi-mensuels. C'est donc au total trente et un jours pendant lesquels il faut assurer le service. Le nombre des agents alternants étant X, le nombre d'agents nouveaux sera égal à $\dfrac{X \times 31}{300}$ chaque agent faisant trois cents jours de travail, et le nombre de journées à suppléer étant égal au nombre d'agents actuels multiplié par 31 c'est-à-dire le nombre de journées supplémentaires de congé pour chaque agent.

Le détail des chiffres totaux de dépense supplémentaire a été établi pour chacune des grandes compagnies en envisageant distinctement le service de la traction et du matériel ; le service de l'exploitation ; le service de la voie.

Voici quels sont les chiffres indiqués par le rapport Godin :

Les dépenses résultant de l'application de l'article 4 du projet se répartissent ainsi, entre les divers services intéressés, pour chacune des six grandes compagnies envisagées.

Etat

Service du matériel et de la traction..........	397.464
Service de l'exploitation....................	1.156.5o3
Service de la voie........................	8oo.ooo
	2.353.967

Est

Matériel et traction........................	2.3io.ooo
Exploitation...............................	3.683.ooo
Voie................................	1.973.ooo
	7.966.ooo

Paris-Lyon-Méditerranée

Matériel et traction........................	3.62o.ooo
Exploitation...............................	5.8o3.ooo
Voie	3.328.ooo
	12.745.ooo

Midi

Matériel et traction........................	74o.463
Exploitation...............................	1.477.oo8
Voie..	1.266.577
	3.484.o4o

Nord

Matériel et traction.........................	3.142.526
Exploitation...............................	2.980.750
Voie......................................	1.697.063
	7.820.339

Ouest

Matériel et traction.........................	1.725.000
Exploitation...............................	2.942.000
Voie......................................	2.291.000
	6.988.000

Ces chiffres, empruntés au rapport fait par M. Maison au nom de la sous-commission du travail, inséré lui-même dans le deuxième rapport de M. Godin déjà cité, permettent évidemment de comprendre, alors surtout qu'ils ont été très exactement revisés, et que partant on ne saurait les considérer comme exagérés, pourquoi le Sénat s'est jusqu'à présent refusé à voter le projet, malgré la volonté affirmée par la Chambre de le maintenir dans sa rigueur intégrale et de faire aboutir la réforme dans le plus bref délai. A plusieurs reprises, sous la pression des représentants des syndicats ouvriers, M. Arthur Groussier a posé la question du délai encore nécessaire, affirmé les espérances toujours très fermes du personnel des

chemins de fer. A plusieurs reprises également,
M. le ministre des Travaux publics a donné formellement l'assurance qu'il hâterait de tout son pouvoir le
vote définitif. Dans la deuxième séance du 23 mars
1906, à propos de la discussion du budget des Travaux publics, M. Fleury-Ravarin rappelait l'ordre
de projet de résolution voté par la Chambre à l'unanimité dans sa séance du 30 novembre 1905, et dont
les termes étaient ainsi conçus : « La Chambre soucieuse de voir aboutir avant la fin de la présente
législature les réformes votées par elle en 1897 et
1901 en faveur des travailleurs de la voie ferrée invite
le gouvernement à demander au Sénat la mise prochaine à son ordre du jour des divers projets de loi
concernant la réglementation du travail des mécaniciens, chauffeurs et agents des trains et les conditions des retraites du personnel des chemins de fer. »
Dans la même séance sur la motion présentée par
MM. Paul Coutant, Berteaux, Stegg, Fleury-Ravarin et Messimy, la Chambre adoptait l'ordre du jour
suivant : « La Chambre confirmant son vote du
30 novembre 1905 compte sur le gouvernement pour
déposer et faire aboutir dans le plus bref délai un
projet de loi concernant la réglementation du travail
des mécaniciens, chauffeurs, ouvriers et agents des
trains et les conditions des retraites du personnel (1).

----

1. Une nouvelle résolution a été votée dans la séance du
3 mars 1907 par la Chambre des députés. (*J. off.*, du 4).

CHAPITRE III

LES PROPOSITIONS DES COMPAGNIES
DE CHEMINS DE FER
ET LES VŒUX DU PERSONNEL OUVRIER

I. — *Propositions des compagnies*

Malgré les vœux réitérés de la Chambre, la réforme ne paraît donc pas devoir aboutir devant le Sénat.

Aussi comprend-on aisément l'émotion que produisit sur le personnel ouvrier des chemins de fer l'article 17 de la loi du 13 juillet 1906, excluant purement et simplement les compagnies ou entreprises de transport par voie ferrée, à raison surtout du motif apparent de cette exclusion basée sur des textes spéciaux, qui s'étendent actuellement à une minorité seulement des agents des chemins de fer.

Dès le 1er septembre 1906, le syndicat national des agents des chemins de fer français organisait un vaste meeting de protestations qui eut lieu le 15 septembre dans la salle de la Bourse du Travail. Plus de 4.000 ouvriers y assistaient ; dans son discours, M. Guérard, faisant allusion aux dépenses qui pourraient résulter pour les compagnies de l'application du repos hebdomadaire, estimait approximativement la somme totale à 18 millions, chiffre infime disait-il, en rapport avec l'augmentation de recettes réalisées l'année précédente (56 millions) et largement compensé d'ailleurs par les bénéfices supplémentaires qui résulteraient pour les compagnies de l'accroissement des voyageurs du dimanche, ouvriers et employés libérés par l'application de la loi nouvelle ; d'autre part la fermeture des maisons de commerce le dimanche entraînant celle des gares de petite vitesse, l'octroi du repos hebdomadaire à un grand nombre d'employés devait en être la conséquence facile et nécessaire.

Aussi la réunion fut-elle terminée par le vote à l'unanimité de l'ordre du jour suivant :

« Considérant que les ouvriers et employés des chemins de fer ont été exclus du bénéfice de la loi du 13 juillet 1906, parce que leurs repos dit l'article 17, sont réglés par des dispositions spéciales.

« Attendu que cette affirmation est contraire à la vérité, puisque les prescriptions ministérielles relatives au repos laissent en dehors de toute réglementation 120.000 travailleurs de la voie ferrée.

« Considérant qu'en fait les mécaniciens et chauffeurs n'ont droit qu'à un repos décadaire, les conducteurs et gardes freins à un repos bi-mensuel et les agents des voies à un seul jour de repos par mois.

« Que les prescriptions ministérielles relatives à cette fraction du personnel ont été déterminées par des raisons d'ordre public et non par l'intérêt des agents.

« Qu'en plaçant une partie des employés de chemins de fer sous un régime spécial en vue de sauvegarder la sécurité des voyageurs — et cela bien avant le vote de la loi du 13 juillet 1906 — les ministres de Travaux publics ont entendu donner aux agents, sous le rapport des repos une situation meilleure qu'à l'ensemble des travailleurs du commerce et de l'industrie.

« Qu'enfin la réglementation, d'ailleurs insuffisante des repos de certaines catégories ne justifie pas pour les autres la privation de toute protection légale.

« Les ouvriers et employés de chemins de fer, réunis le 15 septembre à la Bourse du travail de Paris au nombre de 4.000 réclament pour eux comme pour l'ensemble des travailleurs, le repos hebdomadaire et protestent contre leur mise hors la loi. »

Le même jour une autre réunion avait lieu dans le même but à Bordeaux à laquelle prenaient part les agents des compagnies du Midi, de l'Orléans, de l'État, du Médoc, de Cadillac et des Économiques de la Gironde et le même ordre du jour était voté.

Émues sans doute par ces protestations unanimes,
voyant peut-être dans le geste qu'elles consentaient
un moyen d'éloigner et de retarder encore le vote de
réformes particulièrement onéreuses pour elles, peut-
être tout simplement inspirées par une générosité
naturelle et le souci d'assurer à leur personnel le
bénéfice du sort commun, les grandes compagnies
firent à la date du 21 septembre 1906, connaître au
ministre des Travaux publics, leur désir d'accorder
à tous leurs employés les cinquante-deux jours de
repos annuels prévus par la loi du 13 juillet 1906.

« Nous avons décidé, disaient-elles, de prendre nos
dispositions pour assurer à tout notre personnel
cinquante-deux jours par an de suspension de travail sous forme de journées ou de demi-journées de
congés annuels... ; Nous nous attacherons à répar-
tir et à espacer convenablement les repos en tenant
compte des convenances des agents ainsi que des
difficultés spéciales et variables inhérentes à notre
service, notamment dans les périodes où l'activité
exceptionnelle du trafic exige des agents de tout
grade un effort temporaire compensé par les repos
ou congés accordés en morte-saison. Pour en faciliter la réalisation, dans l'intérêt de notre personnel et pour nous permettre tout en respectant le
régime des arrêtés ministériels de donner au plus
grand nombre possible de nos agents ses journées
de repos le dimanche ce qui est évidemment désirable,

nous aurons sans doute monsieur le Ministre à vous
demander d'apporter des modifications au régime
actuel en ce qui concerne la fermeture des gares de
marchandises le dimanche, l'exonération de l'obligation de livrer à domicile le dimanche, l'exclusion du
dimanche des délais de transport. »

Les compagnies indiquaient d'autre part qu'obli-
gées d'avoir recours à un personnel supplémentaire
qu'il faudrait instruire et former, elles ne pourraient
appliquer le nouveau régime que progressivement et
qu'un délai de dix-huit mois paraissait indispensable
pour établir définitivement l'organisation nouvelle.

Les propositions qu'elles firent après quelques
études, parvenir au ministre comme suite à cette
lettre collective, peuvent se résumer ainsi (discours
de M. Barthou, Ch. des dép. séance du 14 juin 1907,
J. off., du 15):

1° Aucune modification n'était apportée à la situation du personnel habituellement occupé dans les établissements fermés le dimanche et les jours de fête
(bureaux centraux ou régionaux, magasins, ateliers),
l'ensemble de ce personnel bénéficiant en effet déjà
de plus de cinquante-deux jours de repos par an.
Toutefois quelques agents de bureaux venant exceptionnellement par roulement le dimanche pour assurer la continuité du service il devait leur en être tenu
compte par des repos complémentaires ou par des
jours de congé de manière à leur compléter cinquante-
deux jours de repos par an.

Il en serait de même pour les ouvriers d'ateliers qui en cas d'urgence ou pour les travaux spéciaux seraient appelés à travailler le dimanche. En ce qui concerne les autres agents de tous les services dont le travail ne peut être interrompu, le dimanche les compagnies prendraient comme règle, tout en se conformant aux arrêtés ministériels en vigueur de leur assurer à tous au moins trois jours de repos par mois.

A ces trois journées de repos minimum s'ajouteraient :

1° Des repos supplémentaires donnés soit par journées entières, soit le dimanche par demi-journées, suivant les convenances du service.

2° Des jours de congé soit isolés, soit cumulés donnés suivant les nécessités du service et les convenances des agents en dehors des périodes où le service est le plus chargé de façon à compléter cinquante-deux jours par an.

Les repos par demi-journées seraient en principe et autant que possible donnés le dimanche ; les journées de repos seraient d'ailleurs également données le dimanche ; dans ce but le service des agents de toute catégorie devait être réduit ce jour-là dans toute la mesure où les exigences de l'exploitation le permettraient.

II. — *Les désidérata des ouvriers*

Au lendemain même de la lettre du 21 septembre 1906, le ministre des Travaux publics, interwiévé par un rédacteur du *Matin*, tout en se déclarant heureusement surpris de l'initiative prise par les grandes compagnies faisait cependant déjà quelques réserves sur la longueur du délai demandé et sur les conditions d'application insuffisamment précisées, aussi bien que sur les modifications de régime sollicitées de son intervention et dont les conséquences pouvaient être difficilement calculées et prévues, et le syndicat national, dans le numéro de la *Tribune de la voie ferrée* du 30 septembre 1906 enregistrait plutôt la concession des compagnies comme un gage de victoire prochaine sur le terrain des réformes de la loi Berteaux, qu'il n'appréciait en lui-même le sacrifice actuellement consenti.

D'ailleurs, dans la séance du 11 décembre 1906, à la Chambre, M. Groussier fit au nom du personnel plusieurs objections formelles au système proposé par les compagnies.

1° Durée excessive du délai demandé ;

2° Inconvénient qu'il y aurait à admettre le repos par demi-journées alors surtout que cette exception au principe du repos hebdomadaire ne paraissait nullement justifiée ou nécessaire, pour des entreprises qui occupent 60.000 ou 80.000 individus et qui par conséquent doivent être à même d'organiser le repos par journées entières :

3o Nécessité de déterminer exactement le sens des mots « périodes de trafic intense » au cours desquelles les compagnies réclament le droit de ne pas accorder de repos ; il ne doit être accordé que des dérogations exceptionnelles et temporaires, car admettre à l'avance des périodes déterminées d'une durée souvent fort longue (transport des vins dans le Midi, des pommes dans l'Ouest, des charbons dans le Nord, périodes des voyages à la mer ou aux eaux), serait mutiler le principe de la loi du 13 juillet, ôter toute efficacité et toute valeur réelle au principe du repos hebdomadaire.

D'autre part, aussitôt que les propositions des compagnies relatives à la concession au personnel ouvrier de cinquante-deux jours de repos annuels furent connues, les syndicats et spécialement le syndicat national des ouvriers et employés des chemins de fer s'occupèrent de recueillir les désidérata des ouvriers touchant le mode de répartition de ces jours de repos, afin de présenter au ministre un projet d'ensemble permettant à ce dernier de défendre en connaissance de cause leurs intérêts et de discuter utilement les propositions qui lui seraient faites pour chacun des services intéressés.

La *Tribune de la voie ferrée* publiait dans son numéro du 13 janvier 1907 un rapport très complet du groupe Rouen-Ouest, duquel nous extrayons les renseignements qui suivent:

Tout d'abord, et d'une manière aussi générale qu'absolue, le rapport signé des deux secrétaires insiste sur la nécessité d'exclure entièrement les repos par demi-journées, une période de douze heures étant absolument insuffisante pour permettre à l'ouvrier de retirer de la suspension du travail, tout le bénéfice dont la loi du 13 juillet a entendu le faire profiter ; le repos de douze heures, dont en fait d'ailleurs la plupart des employés bénéficient après chaque journée de travail, rendrait impossible tout déplacement et illusoires les facilités de circulations données par les compagnies à leurs agents pour s'absenter de leur résidence. D'autre part les compagnies ne pouvant à coup sûr donner à leurs employés des congés de vingt-six jours et la période dite de morte-saison étant trop brève pour permettre au personnel de récupérer par suspensions périodiques de travail les vingt-six jours de déficit que laisserait disponibles l'octroi d'une demi-journée de repos hebdomadaire, le principe même de l'initiative adoptée par les compagnies deviendrait de ce chef entièrement irréalisable.

Le rapport résume ainsi les désidérata exprimés

par les divers services, en les répartissant suivant les trois catégories ci-après :

1° *Ateliers et traction.* — Le personnel des ateliers, ordinairement payé à l'heure, bénéficie toujours du repos du dimanche, mais sans aucun salaire correspondant au jour du repos, — il demande que le dimanche lui soit payé. — Le service de la traction comprend deux catégories d'agents :

Les agents chargés d'un service régulier de jour, qui depuis le 1er décembre 1905, ont une journée de repos payée par mois, les trois autres ne l'étant pas, réclament aussi le paiement des quatre journées de suspension.

Les agents faisant un service alterné, c'est-à-dire quatorze nuits et quinze jours, ces deux périodes étant coupées par une interruption effective de vingt-quatre heures pour permettre l'alternement, et qui bénéficient de ce chef de deux jours de repos par mois, soit vingt-quatre jours par an, demandent l'assimilation de leur sort à celui des mécaniciens et agents faisant partie du même service qu'eux et qui jouissent déjà du repos décadaire (trente-six heures tous les dix jours). En appliquant cette mesure, l'alternement se ferait trois fois par mois, ce qui donnerait trente-six jours de repos. Le reste, 52 — 36 = 16 jours, pourrait être pris à volonté par les agents, sous forme de congés.

2° *Exploitation.* – a) *Agents des bureaux.* — Ces

agents qui jouissent actuellement d'un repos relatif souvent subordonné aux nécessités du service demandent que le principe du repos hebdomadaire étant admis, il soit prévu des dérogations facultatives limitées qui tout en permettant à la compagnie de profiter dans une certaine mesure de la présence de ces agents pendant la période de trafic intense, permettraient à ceux-ci de récupérer sous forme de congés annuels de plus longue durée une partie des repos qui n'auraient pas pu être pris.

b) *Agents de la petite vitesse et la grande vitesse.* — Actuellement les agents de la petite vitesse, du camionnage et des arrivages ne bénéficient pas complètement du repos hebdomadaire, les gares restant ouvertes au public les unes jusqu'à 10 heures du matin, les autres jusqu'à midi. Les compagnies demandant la fermeture de ces gares le dimanche en principe, les agents pourront donc ainsi bénéficier du repos hebdomadaire ; mais au cours des périodes de trafic, les compagnies auraient tout intérêt à utiliser le personnel, déjà instruit, rendu disponible par la fermeture de ces gares de petite vitesse et les agents de ces gares auraient alors la faculté de récupérer au cours de congés annuels prolongés les jours de repos dont ils ne pourraient bénéficier périodiquement de ce chef.

En ce qui concerne le service de la grande vitesse, les compagnies devront demander de limiter le service

aux voyageurs et aux denrées susceptibles de s'ava-
rier facilement. De cette façon, le service ordinaire
étant moins chargé, le remplacement d'une partie du
personnel attaché aux voyageurs ou aux denrées
pourrait être assuré en partie par les agents de la
petite vitesse disponibles.

*Agents assurant un service alterné de nuit et de
jour.* — Actuellement les agents assurent deux
périodes : 1° une période de six jours de nuit et
une deuxième période de sept jours de jour, ces deux
périodes étant séparées par une interruption effective
de travail de vingt-quatre heures.

Ainsi un agent commençant son service le 1ᵉʳ à
6 heures du soir quittera son service de nuit le 7 à
6 heures du matin ; une interruption de vingt-quatre
heures lui fait reprendre son service le 8, à 6 heures
du matin, pour terminer sa période de jour le 14 à
6 heures du soir.

Mais cette interruption de vingt-quatre heures ne
constitue pas en réalité un repos hebdomadaire de
vingt-quatre heures, parce que sur les vingt-quatre
heures, il y a douze heures de sommeil et douze heures seulement de repos réel.

Les compagnies n'accordent donc en réalité que
douze heures de repos. Soit cinquante-deux semaines
à 12 heures = 624 heures ou 26 jours de repos +
12 jours de congé annuel = 38 jours.

Les compagnies auraient donc à accorder à ces

agents 52 — 38 jours = 14 jours à prendre au choix des intéressés. Mais ces vingt-six jours de congés annuels ne pourront être pris que pendant la période de jour soit vingt-six semaines. En effet le remplacement d'un agent de service de nuit n'est pas toujours facile, car il impose au remplaçant une absence de trente-six heures, douze heures avant le remplacement ; douze heures de service ; douze heures de sommeil.

On pourrait peut-être envisager alors pour ces agents un régime d'alternance avec repos, les uns de vingt-quatre heures les autres de quarante-huit heures.

3° *Voies et travaux.* — a) *Service des bureaux.* — Les agents jouissent actuellement du repos hebdomadaire : Un service de garde par roulement les oblige de venir un dimanche de temps à autre, mais ces jours sont récupérés par un congé annuel de douze à quinze jours.

b) *Service actif.* — 1° Chefs de district ; ils ont actuellement deux autorisations d'absence par mois = 2 × 12 = 24 + 15 jours. de congés annuels = 39 ; il suffirait donc de leur accorder un jour de suspension de plus par mois, en donnant d'ailleurs à ces repos un caractère absolument obligatoire. La même mesure serait également suffisante pour le personnel des équipes qui ont actuellement vingt-six jours de repos par an, la moitié du personnel seulement étant de service le dimanche, + 6 jours de repos annuels = 24 + 6 = 32. — Il faudrait en tous leur accorder encore vingt jours de repos supplémentaires.

a) *Gardes*. — Les gardes signaux font un service alterné de jour et de nuit, et font treize heures de présence par jour. L'alternement a lieu tous les quinze jours correspondant à vingt-quatre heures de suspension de travail. (Sur ces vingt-quatre heures, douze seulement peuvent être comptées comme rentrant dans le calcul du repos.)

Ainsi l'on aura : tous les quinze jours = 12 heures ou 2 jours par mois, soit 24 jours par an + 12 jours de congé = 36 jours.

Ces agents auront donc 52 — 36 = 16 jours de congé à récupérer.

Quant aux gardes barrières (hommes et femmes) ils ont douze jours de congé par an ; les hommes ont de plus une autorisation d'absence de un jour par mois c'est-à-dire 12 + 12 = 24 jours. Pour eux plus que pour tous autres s'impose donc l'application intégrale de la loi du repos hebdomadaire, alors que leur service est aussi pénible que peu rémunérateur.

Parmi les autres syndicats ou groupements, des désidérata, à peu près semblables se sont fait jour ; les uns, et c'est le plus petit nombre, s'en tenaient à l'application pure et simple de la loi, c'est-à-dire au

repos hebdomadaire, d'autres, estimant que le délai
de vingt-quatre heures inscrit dans la loi était insuf-
fisant, demandaient le repos hebdomadaire, mais de
trente-six heures au minimum.

D'autres enfin allaient plus loin, demandaient non
seulement le repos hebdomadaire de trente-six heures mais en outre un congé annuel de quinze jours.

Mais la grande majorité accepta le principe des
cinquante-deux jours offerts par les compagnies,
demandant seulement qu'ils fussent répartis de façon
à réserver aux agents un congé annuel de longue
durée.

La préoccupation dominante manifestée par tous
était : 1° l'assurance que l'attribution des jours de
repos n'entraînerait aucune diminution de salaire ;
2° l'exclusion du repos donné par demi-journées.

D'autre part et d'une manière générale, le personnel, par l'organe de M. Guérard secrétaire du Conseil
supérieur du travail affirmait son désir très net de
conserver son droit à un congé annuel prolongé,
préférant sacrifier au maintien de ce privilège la pos-
sibilité d'être placé sous le régime de droit commun
de la loi du 13 juillet. (Trib. du 27 janv. 1907.)

Dans la séance du 14 juin 1907, M. Argeliès se
faisait à la Chambre l'écho de ces réclamations en
précisant d'abord que le repos donné par journées ou par demi-journées, ne devait amoindrir
en rien le bénéfice des dispositions prises par

les arrêtés ministériels, au profit des agents dont les
fonctions intéressent l'ordre public ; mais sur ce
point les craintes du personnel paraissaient illusoires puisque les compagnies dans leur lettre du
21 septembre 1906 avaient affirmé qu'aucune dérogation ne serait apportée par la mesure nouvelle-
ment prise, au régime ancien des arrêtés ; d'autre
part la nécessité du maintien intégral des appointe-
ments mensuels et du maintien intégral des salaires
pour les employés et ouvriers payés à la journée
tels qu'ils étaient réglés chaque mois avant l'application des nouvelles dispositions. Si par exemple les
agents à la journée, des dépôts de machines, conducteurs ou chauffeurs de machines dans les ateliers
perdaient le bénéfice du travail qu'ils opéraient au-
paravant le dimanche par journées ou par demi-journées, leur salaire mensuel se trouverait de ce chef
subir une réduction d'au moins 10 o/o, dont l'effet
serait de rendre désastreuse pour les intéressés la
réforme ainsi projetée.

Le 25 novembre 1907, M. Arthur Groussier
revint, à la Chambre, sur la question (*J. off.* du 26)
pour solliciter à nouveau le gouvernement de hâter
la réforme, et préciser encore la nécessité de ne compter le repos d'alternance que pour douze heures, de
n'accorder les repos par demi-journées que le dimanche, de protester contre une pratique admise par
certaines compagnies et consistant à donner les

repos de midi à midi, mettant ainsi les employés et agents dans l'impossibilité de bénéficier des facilités de voyage dont ils peuvent jouir et de s'absenter de leur résidence.

A cette date du 25 novembre, seules deux compagnies avaient entièrement accompli la réforme ; la Compagnie Paris-Lyon-Méditerranée et le réseau de l'Etat ; la Ceinture était près de la réaliser pour tout son personnel, mais les repos d'alternance y étaient encore comptés pour vingt-quatre heures.

A l'Est, les agents des gares n'avaient encore que deux jours complémentaires de repos par an. Au Midi, seuls les agents des trains bénéficiaient depuis le 1er juillet 1907 du régime nouveau. A la Compagnie du Nord le repos n'était pas accordé au service de la traction ; de plus, aux ateliers on travaillait une demi-journée le dimanche, compensée par une demi-journée de repos accordée dans le courant de la semaine, mais sans relèvement de salaire ce qui entraînait une perte de 100 francs par an pour chaque ouvrier.

A la Compagnie d'Orléans, seuls les agents des trains et de la voie avaient vu leur situation améliorée.

Au réseau de l'Ouest le nouveau régime n'était appliqué complètement dans aucun service. Les conducteurs n'avaient que trois jours de repos par mois plus douze jours de congés annuels, soit quarante-huit au lieu de cinquante-deux jours promis. De même les congés d'alternance étaient encore comptés pour vingt-quatre heures.

M. Groussier faisait également connaître qu'à la même date rien n'avait été fait sur les lignes d'intérêt local et les petits réseaux.

III. — *Intervention ministérielle*

« Je ne discute pas si la loi s'applique ou non aux chemins de fer, disait M. Barthou dans la séance du 11 décembre 1906, répondant aux critiques formulées par M. Groussier, parce que dans un cas comme dans l'autre il faut qu'elle s'applique » et conformément à ses promesses, il s'est constamment employé au cours de ces deux dernières années à faciliter la réforme proposée, dans le sens le plus favorable aux réclamations et aux vœux qui lui avaient été transmis au nom du personnel des ouvriers et employés.

Mais dans quelle mesure cette intervention pouvait-elle se manifester la loi du 13 juillet 1906 ayant très certainement exclu les grandes compagnies, et d'autre part les pouvoirs réglementaires du ministre en la matière étant non moins certainement limités aux agents dont les fonctions intéressent la sécurité publique ?

Les propositions des compagnies présentaient évi-

demment un caractère bénévole, et le ministre était
entièrement désarmé, à l'égard du moins de la grosse
majorité des agents auxquels la réforme devait
s'appliquer.

M. Barthou a d'ailleurs lui-même exactement pré-
cisé la situation dans la séance du 11 décembre 1906 ;
mais, tout en reconnaissant et en déclarant qu'il
était prêt à saisir le Parlement d'un projet particulier
le jour où ses pouvoirs lui paraîtraient insuffisants
et les propositions des compagnies trop irréductibles,
il a déclaré qu'il valait mieux, en l'état actuel des cho-
ses, profiter de la bonne volonté manifestée par les
compagnies.

C'est donc uniquement par voie de circulaire que
l'intervention ministérielle s'est manifestée ; et si les
propositions des compagnies ont été soumises à son
approbation, elles n'ont point fait l'objet d'une homo-
logation formelle que rien ne légitimait (Ch. des dép.
disc. de M. Barthou, séance du 14 juin 1907).

Il résulte tant des déclarations de M. Barthou à la
Chambre des députés (séances du 11 décembre 1906,
réponse à M. Groussier ; du 14 juin 1907, réponse
à M. Argeliés ; du 25 novembre 1907, réponse à
M. Groussier), que des circulaires ministérielles du
12 juin 1907 (*Bull. ann.* des chemins de fer, 1907. 1.
50) et du 7 octobre 1907 :

1° Qu'à plusieurs reprises le ministre des Travaux
publics est intervenu auprès des compagnies, soit

officieusement, soit officiellement pour hâter la réalisation de la réforme promise, abréger dans toute la
mesure conciliable avec les nécessités et les difficultés d'une pareille entreprise, le délai demandé par
les compagnies et fixé d'abord à dix-huit mois ;

2° D'autre part, et dès le 11 décembre 1906, M. Barthou se déclarait absolument d'accord avec M. Groussier, sur l'inconvénient qu'il y aurait pour le personnel à admettre le principe des congés donnés par
demi-journées, et sur la nécessité de n'admettre
comme périodes de trafic intense que des dérogations
exceptionnelles et momentanées.

Mais la nécessité des repos par demi-journées ayant
été reconnue inévitable, la circulaire ministérielle du
12 juin 1907 indique seulement que les repos de cette
nature ne pourront être donnés un autre jour que le
dimanche, qu'aux seuls agents qui en feront la
demande ; pour tous les autres ces demi-journées
de repos ne pourront être accordées que le dimanche ;

3° La circulaire du 12 juin, stipule d'autre part,
conformément aux vœux et aux réclamations si
fréquemment renouvelés au nom du personnel, la
nécessité de prévoir certains avantages spéciaux en
faveur des agents effectuant alternativement un service de jour et un service de nuit, en raison de ce
que les repos d'alternance dont ces agents jouissent
ont une durée moindre que les repos accordés aux

agents qui n'assurent qu'un service de jour et dont la durée minima est au moins de trente-six heures (une journée de douze heures comprise entre deux nuits de douze heures chacune).

4° La même circulaire préconise enfin, dans le but d'assurer l'exacte et régulière application des mesures nouvelles, la tenue dans les différents services de registres permettant de suivre nominativement pour chaque agent la comptabilité des repos qui lui seront accordés ; la tenue de ces registres qui pourraient être consultés par les fonctionnaires du service du contrôle du travail, paraît en effet susceptible de faciliter d'une manière particulièrement utile l'application pratique par les compagnies du régime des repos ainsi que la surveillance éventuelle de l'administration.

Mais il faut noter cependant, qu'en l'état actuel de la réforme et de la réglementation, le contrôle des agents spéciaux du contrôle du travail, ne peut être effectué légalement, qu'au profit des seuls agents dont les fonctions intéressent la sécurité publique ; ces diverses prescriptions, notamment celles concernant les repos d'alternance et la tenue des registres nominatifs se retrouvent textuellement dans la circulaire du 7 octobre 1906 ;

5° Enfin, M. Barthou a très nettement indiqué dans la séance du 14 juin 1907 que dans aucun cas, et pour aucune catégorie d'employés, la réforme ne devait entraîner une diminution de salaire.

L'étude de la réglementation définitive, adoptée dans les diverses compagnies va nous permettre maintenant de constater dans quelle mesure ces diverses assurances ont été réalisées, dans quelle mesure aussi les vœux formulés ont reçu satisfaction.

CHAPITRE IV

RÉGLEMENTATION DE DÉTAIL DES
CINQUANTE-DEUX JOURS DE REPOS ANNUELS

I. — *Compagnie de Paris-Lyon-Méditerranée*

La Compagnie Paris-Lyon-Méditerranée étant celle qui a le plus rapidement accompli la réforme, son réseau est celui pour lequel il est le plus facile à l'heure actuelle d'étudier le détail de l'organisation du repos hebdomadaire.

Les mesures générales destinées à assurer l'application du repos étaient d'abord réglées par l'ordre de service numéro 6, publié au commencement de l'année 1907. Il fixait les principes généraux dont les chefs de service devaient s'inspirer pour la solution des cas d'espèce qui se présenteraient à eux.

1° *Agents dont les repos sont fixés par des arrêtés ministériels.* — Aux repos périodiques prévus par les arrêtés ministériels, et dont on connaît déjà la répartition, devaient s'ajouter des repos complémentaires donnés suivant les nécessités du service, soit par journées entières, soit le dimanche par demi-journées, de manière à représenter pour tous les agents trois jours au moins par mois de repos à la résidence, chaque repos périodique étant compté pour un jour. Si par exception le nombre des repos à la résidence se trouvait réduit à deux pour un mois déterminé le repos dont l'agent aurait été ainsi privé, devait lui être restitué dans la première quinzaine du mois suivant.

Le nombre total des journées de repos devait être complété à cinquante-deux par an par des jours de repos à prendre suivant les convenances des agents et les nécessités du service ; parmi les agents soumis à l'alternance du service de jour et du service de nuit ceux qui alternent par périodes de sept ou huit jours devaient bénéficier en sus, de vingt-quatre heures de repos supplémentaires par deux périodes ininterrompues de sept ou huit nuits chacune. Enfin les congés annuels déjà prévus et réglementés devaient être compris dans les jours de repos ainsi fixés.

2° *Agents dont les repos ne sont pas fixés par des arrêtés ministériels.* a) *Établissements généralement fermés les dimanches et jours de fête.* — Les employés des bureaux centraux ou régionaux, des magasins ou ateliers (autres que ceux des dépôts) ayant déjà la disposition de leurs dimanches et jours de fête, rien n'était fait pour eux. Cependant ceux qui pour assurer la continuité du service des bureaux, ou pour des travaux spéciaux et urgents devaient être appelés à travailler une partie d'un dimanche bénéficiaient de congés supplémentaires, de manière à obtenir un total de cinquante-deux jours par an, y compris les congés annuels qui leur étaient déjà accordés.

b) *Établissements généralement ouverts le dimanche.* — Aux ouvriers et employés de ces bureaux ou ateliers, il était donné, par journées ou demi-journées, suivant les nécessités du service, au moins trois journées de repos par mois, et le nombre total de cinquante-deux jours était également complété par des congés supplémentaires à prendre suivant les convenances des agents et les nécessités du service.

Les agents soumis à l'alternance bénéficiaient en sus de vingt-quatre heures de repos supplémentaire par deux périodes ininterrompues de sept ou huit nuits chacune.

Ces dispositions s'appliquaient à tous les agents payés à l'année ou au mois. Les agents payés à la journée de travail effectif avaient également cinquante-deux jours de repos par an, mais les journées de suspension de travail ne devaient pas être payées, le taux du salaire journalier étant déterminé en conséquence.

Les repos complémentaires devaient être donnés

de préférence en dehors des périodes de service chargé, l'année étant à cet effet, calculée du 1er avril au 31 mars.

Ces dispositions qui d'ailleurs n'intéressaient pas le personnel supérieur, même pour ceux des agents dont les fonctions touchent à la sécurité publique, devaient entrer en vigueur le 1er avril 1907 pour être réalisées progressivement dans un délai de trois mois à partir de cette date.

Enfin, une note complémentaire du 31 mars 1907 recommandait aux chefs de service :

1° De prévenir toujours vingt-quatre heures au minimum à l'avance les agents du jour où ils pourraient jouir de leur repos périodique ;

2° D'aviser le plus longtemps possible à l'avance et au minimum quarante-huit heures à l'avance les agents de toute catégorie du jour où commenceraient les congés annuels qui leur seraient alloués.

De cet ordre de service résultait sans doute que les agents assurant un service alterné de nuit et de jour devaient bénéficier de vingt-quatre heures de repos supplémentaire par deux périodes ininterrompues de nuit, sans préjudice des autres, ce qui devait faire au total un ensemble de soixante-cinq ou soixante-six jours de repos par an, cette prime étant d'ailleurs destinée à récompenser des agents assurant un service particulièrement pénible.

Mais d'autre part, chaque reprise ou descente de

service était considérée comme correspondant à une interruption de travail de trente-six heures (durée normale du repos périodique) alors qu'en réalité, et comme nous l'avons déjà expliqué, les repos d'alternance correspondent à dix heures seulement de suspension effective de travail.

En conséquence le total des repos, même en y joignant les repos complémentaires, était de ce chef réduit à quarante et un jours par an.

Aussi, ces dispositions étaient-elles à peine connues que de toutes parts s'élevèrent les protestations des agents intéressés.

Elles furent accrues encore par l'interprétation donnée à la circulaire par certains chefs de service et de laquelle il résultait que les agents soumis à l'alternance ne bénéficiaient même pas du jour de repos supplémentaire prévu chaque mois par l'ordre de service.

A Marseille une pétition signée par cinq cent dix agents fut remise à l'inspecteur principal qui se chargea de la faire parvenir au directeur général.

D'autre part, une délégation syndicale ayant eu une entrevue avec le directeur à l'issue du XVIIIᵉ Congrès corporatif, lui fit connaître les doléances dont M. Fleury-Ravarin s'était dejà fait l'interprète dans une lettre au ministre des Travaux publics.

Tout d'abord cette conception de la réforme telle qu'elle résultait de l'ordre de service numéro 6 devait déterminer pour les ouvriers, manœuvres, des ateliers, des dépôts, des usines, d'électricité, une très sensible réduction de salaire, tous les agents ayant l'habitude de faire à tour de rôle quatre ou huit heures de travail tous les dimanches dans les ateliers ou magasins augmentant ainsi considérablement leur salaire.

La délégation demanda aussi que les repos périodiques de vingt-quatre heures fussent précédés ou suivis, pour les agents des trains, d'un grand repos journalier de neuf heures, de telle sorte que la suspension de travail eût une durée minima de trente-trois heures ; et surtout que les repos d'alternance ne fussent pas comptés comme un repos de vingt-quatre heures, mais seulement comme une demi-journée.

Ces réclamations vigoureusement appuyées par les mandataires du syndicat national ont abouti d'ailleurs assez facilement, et la compagnie a publié le 13 mai 1907, un ordre de service numéro 13 annulant tous les précédents et fixant d'une façon définitive les détails de la réforme. Il maintient les dispositions précédemment exposées à l'occasion de l'ordre de service numéro 6, mais : 1° les agents assurant un service d'alternance doivent en plus des trente-deux suspensions normales de travail, bénéficier de vingt-quatre heures de repos supplémentaire, tous les mois ; 2° le salaire des ouvriers ou manœuvres

payés à la journée, doit être relevé et a été relevé,
de manière à ce que les suspensions de travail prévues ne puissent entraîner aucune réduction de leur
salaire annuel.

Ainsi, d'après l'ordre du 13 mai les repos sont
ainsi fixés :

Agents des services des trains

Chaque mois trois repos périodiques de vingt-quatre heures suivis ou précédés immédiatement d'un grand repos journalier.............................	36 jours
Congés annuels.......................	12 jours
Repos complémentaires à prendre suivant leurs convenances et les nécessités du service...........................	4 jours
	52 jours

2° *Agents des gares* (services de jour)

Trois repos de trente-six heures tous les mois...............................	36 jours
Congé annuel.........................	12 jours
Congé supplémentaire, etc..............	4 jours
	52 jours

3° *Agents des gares* (alternant tous les sept jours)

Cinquante-deux repos d'alternance, de douze heures chacun...................	26 jours
Un jour de repos supplémentaire par mois	12 jours
Congé annuel	4 jours
Congé supplémentaire.................	2 jours
	52 jours

4° *Agents alternant tous les huit jours*

Quarante-six repos d'alternance de douze
    heures ....   23 jours
Un jour de repos supplémentaire par mois   12 jours
Congé annuel ....   12 jours
Repos complémentaires ....   5 jours
                                 52 jours

5° *Agents effectuant une période*
ou une période et demie de nuit par mois

Ces agents ont droit tout d'abord aux
    repos d'alternance de douze heures, plus
    des repos supplémentaires de manière
    à représenter trois jours par mois.....   36 jours
Congé annuel.........................   12 jours
Repos complémentaires ....   4 jours
                                 52 jours

II. — *Compagnie de l'Orléans*

C'est une instruction du 13 juin 1907 qui a fixé dans ses lignes générales l'organisation et l'application des cinquante-deux jours annuels de repos à accorder au personnel des agents des trains.

Le principe est également, comme dans la compagnie du P.-L.-M. que chaque agent doit avoir en moyenne tois jours de repos par mois. Le nombre des jours de repos doit être complété pour chacun d'eux, à cinquante-deux par des jours de congé soit isolés, soit cumulés suivant les convenances des agents et les nécessités du service.

Les agents ont ainsi la faculté de se constituer un congé de douze jours consécutifs, conformément au vœu exprimé par M. Guérard, lequel pourra d'ailleurs être porté au delà de cette limite, s'il reste à l'agent des jours de congé isolés à prendre avant la fin de l'année et si les exigences du service permettent ce cumul complémentaire.

Les roulements des chefs de trains et des conducteurs des trains réguliers et des supplémentaires seront établis de manière à donner en moyenne un jour de repos sur dix, ces repos étant espacés autant que possible à intervalles réguliers de manière à satisfaire entièrement aux exigences des arrêtés.

Les congés et jours de repos doivent être donnés en principe en dehors des périodes où le service est le plus chargé,

L'année doit à cet effet être comptée du 1er avril au 31 mars.

Mais lorsqu'un agent aura été absent pour maladie ses jours d'absence à solde entière compteront comme repos jusqu'à concurrence des trois jours qu'il avait à prendre dans le mois. Le surplus des jours de maladie à solde entière doit être déduit pour un quart des jours de congé visés précédemment. Ainsi, par exemple, si un agent a été malade quinze jours en juillet, trois de ces jours compteront comme repos pour ce mois, et les douze autres viendront en déduction pour un quart, c'est-à-dire pour trois jours des congés que l'agent doit prendre dans l'année.

Cette circulaire accorde donc en principe cinquante-deux jours de repos aux agents des trains, mais le calcul des jours de maladie y paraît excessif. Il peut avoir pour conséquence de supprimer entièrement, non seulement certains jours de repos, mais aussi et surtout la périodicité de ces repos, et c'est pourtant à cette périodicité même que s'est attachée surtout la loi du 13 juillet 1906, parce qu'elle apparaît comme l'indispensable condition des avantages qu'elle doit procurer.

Cependant, malgré les protestations formulées par les agents intéressés et par le syndicat national en leur nom, ce calcul et ce décompte se retrouvent dans les instructions étendant la réforme aux agents des gares et au personnel de la traction.

Agents des gares (Instruction du 18 février 1908). — Le principe est le même que pour les agents des trains. Trois jours de repos par mois ; le reste donné par congés isolés ou cumulés, aux époques déterminées par les convenances des agents et les nécessités du service, avec faculté de se réserver un congé des deux jours consécutifs.

Agents n'alternant pas. — Pour ceux-là les repos sont autant que possible espacés à intervalles réguliers. Cependant ceux qui sont remplacés par des

intérimaires et qui en expriment le désir à l'avance,
peuvent prendre leurs journées de repos par groupes
en cumulant les journées d'un même mois et même
de deux mois consécutifs jusqu'à concurrence d'un
maximum de quatre jours. Les repos doivent autant
que possible être accordés le dimanche et les jours
fériés ; ils peuvent être donnés par demi-journées les
dimanches ou jours de fête dans la mesure compa-
tible avec l'arrêté ministériel du 23 novembre 1899
sur le travail des agents des gares.

Agents alternant. — Aux repos périodiques de
vingt-quatre heures qui accompagnent le passage du
service de jour au service de nuit, et *vice-versa*, il
est ajouté des repos complémentaires de façon à
parfaire les trois jours de repos par mois. De plus
il est accordé à ces agents un jour supplémentaire de
repos dans chacun des mois où ils ont subi la tran-
sition du service de nuit au service de jour, le tout
sans préjudice du congé annuel et sans que le nombre total des jours de repos puisse être dans l'année
inférieur à cinquante-deux.

Le décompte des jours de maladie doit s'effectuer
de la manière indiquée. Cependant les arrêtés ministériels doivent toujours être respectés ; les fractions
de journées de maladie ne doivent pas être comptées,
et la durée du congé annuel antérieurement prévu
(douze jours) ne doit dans aucun cas être réduite.

Le nouveau régime est entré en vigueur le 1re mars 1908.

Personnel des dépôts et entretiens. — (Instruction du 12 février 1908, entrée en vigueur le 1er mars 1908.) En principe tous les agents ont au moins trois jours de repos par mois ; toutefois les chefs de dépôt, autres que ceux des deux dernières classes, les chefs d'entretien, les sous-chefs de dépôt, les contremaîtres de dépôts, les sous-chefs intérimaires peuvent en cumulant les jours de repos complémentaires jusqu'à concurrence de cinquante-deux, se constituer des congés consécutifs de vingt jours ; les chefs de dépôts des cinquième et sixième classes des congés de quinze jours ; les agents commissionnés un congé de douze jours ; les agents non commissionnés un congé de huit jours.

D'autre part tous les agents, chefs ou sous-chefs de dépôt qui avaient antérieurement sous forme de congés, permissions d'absence, repos et alternances, repos du demi-dimanche, un total de cinquante-deux jours par an contienuent à bénéficier du régime antérieur. Enfin les repos pour les agents qui alternent et pour les agents qui n'alternent pas sont exactement réglés comme pour les agents des gares. Il en est de même pour les jours de maladie dont le décompte doit être effectué exactement suivant les mêmes principes.

Il semble, pour résumer l'impression d'ensemble

qui se dégage de cette réglementation de détail, que les règles prévues soient moins directement inspirées de la préoccupation d'assurer la périodicité des repos, que du soin de permettre aux agents de bénéficier dans la plus large mesure possible de congés de longue durée.

III — *Compagnie de l'Est*

Tout d'abord les instructions concernant la réglementation des cinquante-deux jours de repos ne s'appliquent qu'au personnel d'ouvriers et d'employés subalternes ; elles ne s'appliquent pas aux agents ou fonctionnaires d'ordre plus élevé dont les repos n'ont pas été réglementés par les arrêtés ministériels bien que leurs fonctions intéressent la sécurité.

C'est-à-dire :

Exploitation. — Ingénieurs, inspecteurs principaux, inspecteurs et contrôleurs ; chefs des grandes gares ayant plusieurs sous-chefs sous leurs ordres et ne figurant pas sur les tableaux de présence des gares.

Matériel et Traction. — Ingénieurs, sous-ingénieurs, inspecteurs du matériel ou de la traction. Chefs et sous-chefs de dépôt.

Voie. — Ingénieurs, sous-ingénieurs, chefs de section ou district. Conducteurs ou piqueurs.

D'autre part le détail des règles de cette organisation est très sensiblement analogue à celui adopté dans les compagnies déjà envisagées.

I. — *Exploitation.* — A) *Agents des gares et des trains soumis à la réglementation des arrêtés ministériels.* — Aux repos périodiques prévus par les arrêtés, il est ajouté des repos supplémentaires *le plus possible soudés aux premiers* et donnés, soit par demi-journées (de préférence le dimanche), soit par journées entières, de manière à constituer à tous ces agents un minimum de trois jours de repos par mois. Le nombre effectif de ces repos doit d'ailleurs dépendre des saisons, des régions, de la nature et de l'importance des trafics (les périodes de trafic intense étant les mois de septembre, octobre et novembre), mais n'être jamais inférieur à trois.

Les cinquante-deux jours prévus sont également complétés par des jours de congé cumulés ou isolés, suivant les convenances des agents et les nécessités du service.

B) *Agents des gares non soumis aux arrêtés ministériels.* — Ceux qui n'assurent pas un service alterné auront au moins trois jours de repos par mois, de préférence le dimanche. Leurs cinquante-deux jours seront complétés comme ci-dessus.

Ceux qui sont soumis à l'alternance devront bénéficier de repos supplémentaires soudés autant que possible aux repos dits d'alternance et donnés par journées ou par demi-journées, de façon à jouir de trois jours complets de repos par mois. Ils auront en plus des jours de repos cumulés ou isolés jusqu'à concurrence du total de cinquante-deux.

Quant aux journaliers, c'est-à-dire aux employés qui sont payés à la journée, on leur accorde un jour de repos par période de six jours, et afin de ne pas diminuer leur salaire, on leur accorde pour le jour de repos une gratification égale à tout ou partie du prix de leur journée de travail.

Les bureaux centraux ou régionaux sont habituellement fermés les dimanches et les jours de fête. Cependant quelques agents viennent assurer par roulement la continuité du service. On leur accordera des repos par demi-journée ou par journée entière, repos complémentaires, soudés dans la plus large mesure possible aux repos du dimanche ou des jour fériés.

II. *Voie.* — *1° Poseurs et cantonniers.* — Leur travail sera suspendu le plus généralement pendant tout ou partie des dimanches et jours de fêtes. Le nombre total de cinquante-deux jours sera complété par des jours de congé isolés ou cumulés (dans la limite maxima de six jours consécutifs), suivant les convenances des agents et les nécessités du service.

2° Gardes permanents de P.N. lignes, postes, sémaphores. —a) *Agents non alternants.* On leur donne par voie de remplacement le plus grand nombre possible de jours de repos, de préférence le dimanche, soit par journées entières, soit par demi-journées. Ce nombre total est complété comme pour les poseurs.

b) *Agents alternants.* — Pour ces agents dont les situations sont très diverses et à examiner dans chaque cas, on doit chercher à se rapprocher le plus possible de la formule précédente.

Quant aux femmes gardes-barrières non permanentes, qui ont toute faculté de vaquer aux soins de leur ménage, on leur accorde simplement six jours de congé par an.

III. *Traction.* — Les cinquante-deux jours de suspension de travail sont assurés à tous les agents en journées ou demi-journées de repos et en journées de congé isolées ou cumlées.

Mécaniciens et chauffeurs. —Les repos périodiques réglementés par l'arrêté ministériel du 10 mai 1906 sont complétés par des jours de congé annuel et par des repos supplémentaires s'il y a lieu, jusqu'à concurrence de cinquante-deux jours de suspension de travail.

Pour les mécaniciens et chauffeurs affectés au service de manœuvres de gare ou de dépôt, qui sont soumis au régime de l'alternance de jour et de nuit et qui par conséquent ne reçoivent que des repos décadaires de vingt-quatre heures, il sera ajouté au repos de la troisième alternance un repos supplémentaire de vingt-quatre heures.

Tous les mécaniciens et chauffeurs ont à l'heure

actuelle le droit de prendre un congé annuel. Pour réglementer l'époque à laquelle chacun d'eux est en droit de prendre ce congé, les dispositions suivantes ont été adoptées :

Dans chaque dépôt on détermine le nombre maximum de mécaniciens et de chauffeurs pouvant s'absenter en même temps, pour que tous puissent prendre leur congé annuel dans le délai compris entre le 1er avril et le 31 mars.

Les mécaniciens et chauffeurs sont partagés en groupes comprenant autant d'agents qu'il peut s'en absenter à la fois, et chaque année, dans la première quinzaine d'avril. Ces groupes sont appelés à choisir leur congé dans un ordre déterminé ; la première année on a tiré au sort les groupes appelés à choisir les premiers, les années suivantes on procédera par permutations de groupes. Les agents doivent prendre leurs congés aux époques fixées ; ils peuvent cependant permuter entre eux et demander le report de leur congé annuel à une période restant disponible. En principe et sauf motifs spéciaux, il n'est pas accordé de congé aux époques de trafic intense, telles que Pâques, Pentecôte, grandes manœuvres militaires, arrivée et départ de la classe.

b) *Ouvriers permanents des dépôts.* — Il leur est assuré cinquante-deux jours de repos entre le 1 avril et le 31 mars, dont au moins trois jours tous les mois. Ces agents sont tenus d'assurer le service du

dépôt les dimanches et jours de fête. En principe,
les grosses réparations sont interrompues ces jours-
là. Mais les ouvriers sont cependant tenus de venir
à tour de rôle au dépôt pour assurer l'entretien
courant des machines en service et coopérer le cas
échéant aux relevages. Ils sont à cet effet répartis
en cinq équipes qui viennent successivement assurer le service le dimanche. Les ouvriers non classés
dans ces équipes forment un groupe chargé de fournir les remplaçants des hommes de service le dimanche qui seraient absents.

Le repos des manœuvres et hommes divers des
dépôts sont assurés par roulements établis autant
que possible de telle sorte que le repos tombe le
huitième jour et que chaque agent puisse de temps
à autre avoir un repos le dimanche.

Les manœuvres qui font un service alterné de
nuit et de jour et qui n'ont ainsi que des repos de
vingt-quatre heures au lieu de trente-six heures,
bénéficient en sus d'un repos supplémentaire de
vingt-quatre heures (au lieu de trente-six heures)
accolé au quatrième repos d'alternance.

c) *Employés de bureau.* — Aux employés qui pour
assurer la continuité du service, ou en cas de
travaux spéciaux et urgents, sont appelés à travailler tout ou partie du dimanche, il est accordé, s'il y
a lieu, des repos supplémentaires de manière à leur
assurer, y compris leur congé annuel, un total de

cinquante-deux jours par an. — Le travail des bureaux est d'ailleurs réduit les dimanches et jours de fête au strict minimum et organisé de façon à être en général assuré en employant au maximum soit le quart de l'effectif pendant toute la journée soit la moitié pendant une demi-journée.

Chaque employé doit avoir ainsi au minimum en journées ou demi-journées de dimanche, trois jours de repos par quatre dimanches ou jours de fête soit trois ou quatre repos par mois ; des journées de permission sont données s'il y a lieu, pour compléter le total de cinquante-deux jours.

Ces diverses dispositions sont en vigueur depuis le 1er janvier 1908.

Au point de vue du décompte des jours d'absence pour cause de maladie ou de mise à pied, la compagnie a adopté le régime d'après lequel sept jours de non présence pour ces motifs équivalent à un repos. T étant le total des journées de non-présence à la compagnie le nombre des repos dus à l'agent est alors $\dfrac{365 - T}{7}$; le quotient doit être arrondi à l'unité en dessous s'il est $\geqslant 3$, et à l'unité au-dessus, il est < 4.

Le contrôle et la comptabilité des jours de repos sont assurés d'autre part, par la tenue d'un registre, sur lequel les agents sont inscrits nominativement, par catégories, avec en regard les dates de leurs repos, congés et absences, sans solde, maladies et mises à pied, c'est-à-dire tous les éléments nécessaires pour déterminer et comparer, d'une part le nombre des journées de suspension de travail qui ont été données, d'autre part le nombre des journées de suspension auxquelles l'agent a encore droit, la date d'entrée des agents embauchés en cours d'année, c'est-à-dire après le 1er avril, est portée en interligne au-dessous du nom de chacun d'eux pour permettre le contrôle des jours de non présence à la compagnie.

L'employé chargé de la tenue de ce registre doit préparer chaque jour d'après les roulements établis les listes des agents à mettre au repos le lendemain, et le surlendemain les veilles de dimanches ou de jours de fête.

D'autre part le principe ayant été admis que l'allocation des cinquante-deux jours de repos ne devait entraîner aucune diminution de salaire, la Compagnie de l'Est a pris la décision de payer désormais au mois tous les agents qui antérieurement étaient payés à la journée ou à l'heure.

Trois solutions sont en effet possibles permettant d'assurer aux ouvriers travaillant à la journée le maintien au même taux de leur salaire ;

1° Le paiement à la journée au taux antérieur avec paiement des jours de repos ; 2° le paiement à la journée en ne payant pas les jours de repos, mais en relevant le salaire quotidien (nous avons vu que c'était la solution adoptée par la Compagnie du P.-L.-M.) ; enfin le paiement au mois.

Le premier mode de paiement (paiement au taux ordinaire avec paiement des jours de repos) a été écarté comme ne présentant que des inconvénients : 1° il ne fait pas apparaître le prix réel de la journée de travail ; 2° il spécifie le paiement de journées non faites ; 3° enfin il aurait eu pour conséquence d'obliger la compagnie à payer les repos qu'elle donnait antérieurement, en plus des journées de repos à ajouter pour compléter le total de cinquante-deux.

La deuxième solution consistant à relever le taux quotidien du salaire d'une valeur suffisante pour compenser la réduction subie du fait de l'obligation nouvelle de certains jours de chômage paraît au premier abord la plus séduisante parce que : 1° elle permet de ne payer que les journées de travail réellement accomplies, et 2° parce qu'elle fait apparaître clairement le taux réel de la journée de travail. Cependant la compagnie n'a pas cru pouvoir adopter cette solution en raison des considérations suivantes.

Les agents payés à la journée n'aiment pas qu'on leur impose des journées de repos au cours desquelles on ne leur alloue aucun salaire. Et bien souvent, dans le régime antérieur à la réforme, les ouvriers se refusaient à chômer les jours où ils étaient autorisés à le faire, alléguant l'inutilité du repos qu'on voulait ainsi leur accorder ; il aurait été à craindre que de pareilles protestations ne fussent formulées lorsque l'obligation des cinquante-deux jours de repos aurait été décrétée et que la Compagnie n'ait été mise dans l'obligation, malgré le relèvement de la taxe journalière, d'allouer encore une indemnité supplémentaire pour les jours de chômage.

Cependant la taxe journalière aurait eu peut-être un avantage au point de vue de l'application des repos, en nécessitant la périodicité et la régularité des repos concédés pour que les agents pussent avoir des traitements mensuels à peu près équivalents.

Le paiement au mois paraît au contraire réaliser tous les avantages et supprimer tous les inconvénients ; il permet de compléter les repos par des jours de congé qui pourraient être cumulés aux moments de trafic moins intense. Il tient compte des gains actuels touchés par les agents et comme en fait les repos sont payés, il ne peut donner naissance à aucune réclamation postérieure ; d'autre part le mode de paiement convient particulièrement à la nature spécialement irrégulière du service et du travail accompli par les hommes et ouvriers des ateliers des dépôts et manœuvres des dépôts, auxquels les ouvriers des grands ateliers, dont la situation est absolument identique à celle des autres ouvriers de l'industrie, ne peuvent prétendre se faire assimiler.

Le taux du salaire mensuel se calcule aisément en

considération du gain actuel : Les hommes et ouvriers
des dépôts ayant avant la réforme : dix-huit jours de
repos + deux jours de permission = vingt jours,
travaillaient en réalité pendant trente-quatre jours.
La taxe au mois est donc obtenue en multipliant cette
taxe journalière = t, par 345 et en divisant par 12 ou
$$T = \frac{t \times 335}{12}.$$

Cependant, malgré la taxation au mois, la réglementation anciennement en vigueur pour le paiement
des journées de maladie doit continuer à s'appliquer.
Tous les agents n'ont en conséquence droit qu'à la
demi-solde jusqu'au quinzième jour de maladie.

D'autre part le délai congé demeure fixé à huit
jours, et l'on fait signer à chacun des agents propo-
sés pour la taxation au mois une déclaration en ce
sens, contenue dans un carnet à souches dont le
volant doit être classé au dossier de l'agent.

Les dispositions adoptées dans les autres compagnies sont très sensiblement identiques. Les
repos d'alternance, qui sont ordinairement de vingt-
quatre heures, comptent comme repos périodiques,
mais leur brièveté est compensée par un jour de
repos complémentaire accordé tous les mois, de
plus les jours de repos sont ordinairement contrôlés
à l'aide d'un registre spécial, analogue à celui que
nous avons signalé pour la compagnie de l'Est, et

que les ordres généraux de service de la compagnie
de l'Etat visent expressément.

Toutes ont admis :

1° Le caractère obligatoire des repos, mesure destinée à éviter les actes de pression de la part des chefs
de service.

2° L'exclusion des demi-journées de repos à d'autres
dates que les dimanches et jours de fête.

3° Le maintien du congé annuel de longue durée
auquel le personnel est très particulièrement attaché,
le souci de la périodicité des repos en assurant, dans
la plus large mesure possible, à chaque agent un
minimum de trois repos par mois.

Toutes ont prévu des dérogations possibles, et
l'exclusion des congés cumulés pendant les périodes
de trafic intense enfin l'année est comptée du
1er avril au 31 mars.

Pour la compagnie de l'Etat notamment, dont il
est intéressant de noter la règlementation parce
qu'elle est la plus conforme aux désirs exprimés par
le ministre des Travaux publics, le principe est bien
celui que nous avons indiqué ; cinquante-deux jours
de repos annuels qui sont donnés soit par journées
entières, soit par demi-journées suivant les nécessités du service.

Mais on remarque dans cette réglementation un
souci plus précis de faire coïncider les jours de repos
avec les dimanches et jours fériés. Ainsi ces jours de

repos doivent être, en dehors des quinze jours de congé annuel, les dimanches et jours fériés pour :

1º Les agents des bureaux de Paris, des arrondissements et des sections ;

2º Les agents et ouvriers des ateliers principaux et de petit entretien ;

3º Les agents des magasins sauf les agents chargés d'un service spécial ;

4º Les agents des travaux neufs ;

5º Les agents des brigades de la voie ;

Pour les agents et ouvriers des autres catégories la répartition des repos est faite autant que possible par décade, les congés annuels et les repos d'alternement étant compris dans le décompte général des cinquante-deux jours annuels de repos.

Les agents et ouvriers astreints au service d'alternement de nuit et de jours alternent dorénavant tous les dix jours ; mais ils bénéficient d'un repos supplémentaire de vingt-quatre heures par deux périodes consécutives.

Les repos par demi-journée ne peuvent être donnés un autre jour que le dimanche qu'aux seuls agents qui en font la demande.

Les dates auxquelles les agents et ouvriers doivent prendre leur repos dans le cours du mois doivent en principe être portées à la connaissance des intéressés au plus tard le dernier jour du mois précédent. Si dans tous les cas des dérogations sont rendues nécessaires, les repos que les agents n'auront pu prendre à la date primitivement fixée leur seront rendus autant que possible, au cours des premières décades suivantes et de façon que le total général ne soit jamais inférieur à cinquante-deux.

Un registre spécial est tenu dans chaque gare, bureau, district, poste ou magasin pour y consigner à leur date au fur et à mesure de leur réalisation, les repos accordés aux divers agents et ouvriers qui en dépendent.

Enfin, et cette disposition doit être notée car elle est la plus libérale de celles adoptées sur les autres réseaux, les femmes gardes-barrières qui ne sont pas en service permanent et qui peuvent ainsi vaquer aux soins du ménage ont un jour d'absence par mois lequel doit coïncider avec les jours de repos de leur mari.

En ce qui concerne les agents du service de l'exploitation, qui par suite de l'organisation du service disposent d'une demi-journée de repos chaque dimanche, il doit être prévu une journée entière de repos complémentaire tous les mois.

Ce régime est entré en vigueur le 1er septembre 1907 (ordres du jour n° 52 ; ordre général n° 469 ; 17 août et 23 août 1907).

A la Compagnie de l'Ouest, par contre les mesures adoptées soulevaient encore, au moins en ce qui concerne les agents assurant un service alterné, les réclamations du personnel.

En effet l'alternement ayant lieu tous les sept jours, la compagnie estime que les agents ayant de ce chef cinquante-deux jours de repos d'alternance + douze jours de congé annuels   soixante-quatre jours de repos annuels ne peuvent qu'être considérés comme bénéficiant d'une situation particulièrement favorable.

Mais pour les raisons que nous avons déjà exposées, le personnel se refuse à admettre que le repos d'alternance puisse équivaloir à une journée de repos. Il réclame donc à l'heure actuelle une journée de repos supplémentaire tous les mois, mesure adoptée dans d'autres compagnies et notamment au P.-L.-M. ; il est vrai que dans les autres compagnies les périodes de service alterné ont ordinairement une durée supérieure à sept jours.

Les mêmes protestations étaient d'ailleurs formulées pour les mêmes raisons par le personnel de la Compagnie du Midi ; mais il est à croire que grâce à l'insistance très ferme du ministre des Travaux publics ces réclamations ont déjà reçu ou recevront bientôt une satisfaction (1).

—————

1. Cependant, au cours du XIXᵉ congrès national des chemins de fer, ouvert le 16 mai 1908, le rapport du Conseil d'administration a fait connaître que seul l'Etat avait adopté un régime de nature à donner satisfaction aux agents alternants, et que d'ailleurs la commission du travail de la Chambre des députés avait décidé de proposer au Parlement l'abrogation de l'abrogation de l'article 17. Un règlement d'administration publique déterminerait les conditions dans lesquelles seraient accordés les cinquante deux jours de repos.

CHAPITRE V

CONSÉQUENCES FINANCIÈRES DE LA RÉFORME

Il est encore assez difficile à l'heure actuelle d'éva-
luer exactement les conséquences financières qu'en-
traînera pour l'ensemble des compagnies ou tout au
moins pour les six grandes compagnies, l'application spontanée du principe du repos hebdomadaire.
Les calculs n'ont point encore été publiés dans leur
détail, et c'est, d'une manière générale, à des évaluations purement approximatives et globales que l'on
en est réduit.

Cependant ces évaluations, émanées de trois sour-
ces différentes, et qui, pour deux au moins d'entre
elles sont inspirées d'intérêts contradictoires, permettent d'obtenir une moyenne très sensiblement
rapprochée de la réalité.

Les calculs ont été faits par les grandes compagnies d'abord qui ont fait connaître leur chiffre, de
beaucoup le plus élevé. Le ministère des Travaux
publics (service du contrôle du travail) s'est également livré à la même étude, et M. Barthou a fait
connaître à maintes reprises à la tribune la somme

totale à laquelle il évaluait la dépense. Enfin, les syndicats ouvriers et notamment le syndicat national, se sont également préoccupés du problème, et ont également publié leur solution.

Au lendemain même de la lettre écrite par les compagnies annonçant l'application prochaine et spontanée de la loi sur le repos hebdomadaire dans les grandes compagnies, un fonctionnaire du réseau du Nord, M. Sartiaux, interwievé par un rédacteur de la *Petite République*, évaluait la dépense totale à 40 ou 50 millions, exactement 6 millions pour la seule compagnie du Nord (Trib. voie ferrée, 30 sept. 1906) et c'est également au chiffre de 40 millions que paraît s'être arrêtée l'évaluation officielle communiquée par les compagnies au ministre des Travaux publics.

Le mode de calcul adopté par elles pour cette évaluation, paraît devoir donner au chiffre proposé une rigueur mathématique.

N'étant le nombre des jours de repos dont chacun des agents de chacun des services jouit à l'heure actuelle $52 - n = n'$ chiffre représentant les journées supplémentaires de congé à représenter pour chacun des agents intéressés. Ce chiffre n' multiplié par T, le nombre total des agents de service, donne le total des journées de travail à assurer dans le service envisagé, qui si on le divise par 313 journées de travail assurées par un même agent indique le nombre d'agents supplémentaires à embaucher. Il suffit

de multiplier ce chiffre par celui qui représente le trai-
tement annuel de l'agent envisagé $= t'$ pour obtenir
le chiffre total de la dépense soit :

$$52 — n \times T : 313 \times t' = y$$

chiffre de l'augmentation de dépense prévue.

b) Cependant le ministre des Travaux publics a
fait connaître, soit par des déclarations publiées par
les journaux, soit à la tribune, que le chiffre global
de la réforme devait être évalué aux environs de 25
ou 30 millions. (Trib. voie ferrée 24 nov. 1907). Il le
déclarait notamment à la Chambre des députés, dans
la séance du 25 novembre 1907, basant cette évaluation sur le coût, alors connu, de la réforme définitivement accomplie à la Compagnie du Paris-Lyon
Méditerranée, dont le total devait être de 6 millions.

c) C'est enfin aussi sur ce chiffre de 6 millions,
mais appliqué à la Compagnie du Nord, conformément aux déclarations de l'ingénieur en chef de
l'exploitation de cette Compagnie, qu'est basé le
calcul du syndicat national des chemins de fer, calcul destiné à établir d'une part quel doit être le coût
de la réforme pour les Compagnies et d'autre part
quelle répercussion elle doit avoir pour l'Etat. (Trib.
23 déc. 1906.)

Six millions correspondent pour le Nord à 4 o/o
environ de ses dépenses d'exploitation ; en appli-

quant le même barême aux autres réseaux on obtient
en chiffres ronds la répartition suivante :

Etat......................	1.500.000 fr.
P.-L.-M...................	10.250.000
Nord.....................	6.000.000
Ouest....................	4.840.000
Orléans..................	5.060.000
Est......................	4.840.000
Midi.....................	3.330.000
	35.820.000 fr.

Ce total de 35 millions est très certainement exa-
géré, et doit au minimum être réduit à 30 millions
chiffre indiqué par le ministre des Travaux publics.

L'organe du syndicat ajoute d'ailleurs que l'augmentation du trafic des voyageurs les dimanches et
jours de fête, la fermeture des gares P. V. les mêmes
jours et l'économie en résultant, la posssibilité de
faire faire un grand nombre de remplacements par
le personnel P. V. devenu disponible permettront à
coup sûr de réduire dans des proportions très considérables les chiffres indiqués.

Au surplus, en admettant même que le chiffre de
35 millions dût être maintenu, les grandes compagnies peuvent-elles aisément en supporter la charge,
et quelles seront les répercussions de la réforme sur
le budget de l'Etat en raison de la garantie d'intérêt ?

L'augmentation des recettes brutes à prévoir

pour l'exercice 1906 était d'environ 65 millions et demi, soit :

P.-L.-M	24.000.000 fr.
Nord	7.000.000
Ouest	9.000.000
Orléans	12.000.000
Est	12.000.000
Midi	11.500.000

Déduction faite des dépenses d'exploitation qui s'élèvent en moyenne à 50 o/o cette augmentation de recettes doit être réduite aux chiffres suivants :

P.-L.-M	12.000.000 fr.
Nord	3.500.000
Ouest	4.500.000
Orléans	6.000.000
Est	6.000.000
Midi	750.000

A la fin de 1905, cinq compagnies ne faisaient plus appel à la garantie d'intérêts, mais avaient des excédents de recettes à distribuer aux actionnaires ou à rembourser à l'Etat sur les avances par lui faites. Soit :

P.-L.-M	14.514.000
Nord	10.075.000
Orléans	9.214.000
Est	9.555.000
Midi	339.000

Seule la Compagnie de l'Ouest avait un déficit de

7.830.000 francs, et devait avoir recours à l'Etat pour somme égale.

Si l'on totalise le montant de l'agmentation des recettes en 1906, avec l'excédent des recettes en 1905, on obtient comme chiffre des sommes dont les Compagnies peuvent disposer sans recourir à la garantie de l'Etat.

P.-L.-M.................... 26.514.000
Nord...................... 13.575.000
Orléans................... 15.214.000
Est....................... 15.555.000
Midi...................... 1.089.000

Pour l'Ouest le déficit probable en 1906 était (7.830.00 — 4.500.000) = 3.300.000 environ.

Il est facile, d'après ces calculs d'établir exactement la situation de chaque compagnie après l'application du repos hebdomadaire.

	Excédent Recettes	Repos Hebdomadaire	Reste
P.-L.-M....,......	+ 26.514 (1)	— 10.250	+ 16.264
Nord.............	+ 13.575	— 7.000	+ 7.575
Ouest...........	— 3.300	— 4.850	— 8.140
Orléans.........	+ 15.214	— 5.060	+ 10.154
Est.............	+ 15.555	— 4.840	+ 10.715
Midi............	+ 1.089	— 2.330	— 1.241

Ainsi par suite de l'application de la loi nouvelle et, en basant ses calculs sur des chiffres manifestement exagérés, on arrive à cette conclusion que deux compagnies seulement devraient faire appel à la garantie d'intérêt, l'Ouest pour un peu plus de 8 millions, le Midi pour un peu plus de 1 million.

APPENDICE

LE REPOS HEBDOMADAIRE DANS LES
PETITES COMPAGNIES

Dans la séance du 14 juin 1907, à la Chambre, répondant à M. Argeliès, M. Barthou faisait connaître que la loi du 13 juillet 1907, si elle s'appliquait évidemment aux tramways ne devait pas être considérée comme englobant les compagnies de chemins de fer d'intérêt local, les compagnies secondaires d'intérêt général, non plus que les compagnies de tramways faisant à la fois le service des voyageurs et des marchandises et qui devaient de ce chef être assimilées à des compagnies de chemins de fer d'intérêt local.

Mais il résulte des déclarations du ministre des Travaux publics, qu'à défaut de loi, il avait le très grand désir que les employés ne connussent pas une situation exceptionnelle et défavorable, qui les mettrait dans un état d'infériorité à l'égard de leurs collègues des grands réseaux. Il devait donc, d'accord avec le ministre du Travail, prendre des mesures pour que les préfets assurassent l'application de la réforme dans leur département et le bénéfice du repos hebdomadaire au personnel des petits réseaux.

Quelle était d'ailleurs, au moment du vote de la loi, la situation de ces réseaux au point de vue de la réglementation du travail ?

Aucune réglementation n'existait avant 1899, mais M. Baudin, par une circulaire du 13 février 1901, décida d'étendre à ces réseaux les dispositions des arrêtés du 4 et du 23 novembre 1899. Ce droit de réglementation du ministre en la matière avait été formellement posé par l'article 68 de l'ordonnance du 15 novembre 1846, modifié par le décret du 1er mars 1901. Il résultait d'ailleurs avant cette dernière date de plusieurs dispositions de ladite ordonnance ainsi que de la loi du 15 juillet 1845 ; il avait été formellement reconnu par un avis du Conseil d'Etat du 9 avril 1884.

Mais cette circulaire étant demeurée en souffrance le 18 juin 1906, la Chambre, sur la proposition de M. Fernand Engerand votait un projet de résolution invitant le gouvernement à assurer l'exécution de ses dispositions.

Malgré ces vœux, le contrôle du travail ne s'exerçait pas sur ces réseaux, et des faits particuliers relevés par divers orateurs (Ch. séance du 26 novembre 1907) permettent de se rendre compte que des abus surprenants s'y produisaient encore il y a un an.

Ainsi, sur la ligne des chemins de fer d'intérêt local du Calvados, le personnel des mécaniciens et des chauffeurs avait un travail alterné de douze heures et demie et treize heures et demie.

Le travail des conducteurs de train variait entre treize heures et seize heures ; En outre tous les deux jours les chauffeurs avaient un travail supplémentaire de deux heures pour le chauffage des machines.

De même les agents des trains n'avaient que douze jours de congé par an au lieu de trente heures par décade prescrites par les arrêtés.

. Les agents des gares avaient à mettre en marche quinze trains en hiver et vingt trains en été ; ils étaient astreints, de telle sorte, à un travail de quatorze heures en hiver, de quinze heures et demie ou seize heures en été. Au lieu de vingt-six jours de congé prévus par les arrêtés, ils n'avaient que douze jours à prendre exclusivement entre décembre et mai.

M. Maurice dans sa thèse, signale des abus identiques pour les chemins de fer d'Indre-et-Loire.

Il est vrai que la circulaire de M. Baudin (13 févr. 1901) était ainsi conçue : « Il importe de prendre, en ce qui concerne les chemins de fer d'intérêt local et les tramways, des dispositions qui s'inspirent de celles adoptées pour les grands réseaux d'intérêt

général, en tenant compte naturellement des diffé-
rences profondes qui existent entre les deux catégories de voies ferrées au point de vue des conditions
d'exploitation » et que, de ce chef, on ne saurait con-
clure, parce que les arrêtés de 1899 n'étaient point
entièrement appliqués, que la circulaire du 13 février
était absolument demeurée lettre morte (1).

Toutefois une circulaire du 10 juin 1907 vint rap-
peler aux compagnies secondaires le principe d'une
réglementation qu'elles avaient peut-être tendance
à oublier et les inviter à soumettre à l'appréciation
du ministre des Travaux publics les roulements mis
en vigueur sur leurs réseaux. Quant à la préparation
de ces roulements, elle devait prendre pour base
la réglementation en vigueur sur les grands réseaux,
notamment celle des arrêtés des 4 et 23 nov. 1899 ;
enfin, le contrôle du travail doit désormais s'exercer
aussi sur les réseaux d'intérêt secondaire.

D'autre part, conformément aux promesses par
lui faites à la Chambre, M. Barthou, d'accord avec le
ministre du Travail adressa le 12 juin 1907 :

1º Une circulaire aux préfets rappelant que, malgré
l'exclusion de la loi du 13 juillet 1906, les grandes
compagnies avaient décidé d'appliquer le repos hebdomadaire à leur personnel, invitant en consé-

---

1. Ainsi à la date du 25 nov. 1907, sur 27 réseaux d'intérêt
local la question était réglée pour 199.

quence ces fonctionnaires à se faire transmettre dans
le plus bref délai par les directeurs des compagnies
de chemins de fer d'intérêt local existant dans leur
département, des propositions tendant à l'établisse-
ment d'un régime analogue à celui adopté par les
grandes compagnies, au profit de leur personnel.

2° Une circulaire identique aux administrateurs
des compagnies secondaires d'intérêt général les invitant à étudier aussi, pour leur personnel, l'adoption
d'un régime du même genre, et leur indiquant les
mesures prises par les grandes compagnies, pour
faciliter cette réforme, notamment la fermeture des
gares de petite vitesse le dimanche, particulièrement
favorable à l'organisation du repos périodique.

A quel point en est la réforme? Dans quelle mesure
est-elle appliquée ?

Il est assez difficile de le préciser à l'heure actuelle.
Dans son discours du 25 novembre 1907, M. Arthur
Groussier signalait qu'aucune mesure n'avait encore
été prise. (Ch. des dép., *J. Off.* du 26.)

CONCLUSION

LÉGISLATION SUISSE

Si l'on compare l'organisation actuellement adoptée dans les chemins de fer pour accorder au personnel des ouvriers et employés des repos périodiques leur permettant de se délasser dans leur famille des fatigues du labeur quotidien et de se distraire pendant quelques heures de toutes les préoccupations professionnelles, avec le principe du repos hebdomadaire, tel qu'il est établi par la loi du 13 juillet 1906, l'on est obligé de reconnaître que l'organisation adoptée par les grandes compagnies est singulièrement plus souple que le système un peu rigide créé par la loi. Mais d'autre part il est vrai que cette rigidité constitue l'un de ses principaux avantages de la réglementation légale, qu'elle en est en quelque sorte le trait caractéristique et que c'est d'elle que cette réglementation tire sa principale utilité, car elle est la condition même de son efficacité.

Pour que les ouvriers, les employés, les fonctionnaires, en un mot les travailleurs de toutes les catégories puissent retirer des repos qui leur sont accordés, tout le profit et tous les avantages qu'ils sont en droit d'en attendre, il faut évidemment, comme nous l'avons déjà dit, que ce repos leur soit accordé avec une régularité absolue ; il faut qu'ils puissent compter à l'avance, avec une certitude absolue sur un jour de liberté, fixé à une date déterminée, pour que leur deviennent possibles les projets permettant d'utiliser entièrement la liberté promise ; il faut aussi, pour que le repos ait véritablement une vertu moralisatrice, pour qu'il contribue comme on l'a dit, à rendre à la famille ouvrière la conscience d'elle-même, que ce repos soit accordé en même temps à tous les membres de la famille, pour que tous puissent se réunir au même jour et se divertir en commun ; il faudrait même que le jour de repos fut le même pour tous les travailleurs, qu'il pût être consacré pour tous à la même date, fixée par une tradition impérieuse et par des habitudes constantes, c'est-à-dire qu'il fût pour tous accordé le dimanche, il faut enfin que la périodicité soit assez régulièrement assurée pour que les périodes de travail aient toutes une durée à peu près égale et que l'effort continu imposé à chacun ne puisse jamais entraîner ni fatigue, ni surmenage.

Etait-il possible d'exiger pour le personnel des compagnies une régularité aussi absolue ; pouvait-on strictement imposer aux compagnies de chemins

de fer le respect et la concession du repos hebdomadaire c'est peu probable, en l'état actuel de nos mœurs
et de nos habitudes. Car c'est non seulement une
réforme purement légale et partielle que comporte
l'universelle adoption du repos hebdomadaire, mais
encore et surtout une véritable réforme sociale ;
M. le ministre des Travaux publics l'avait bien
compris, lorsque dans la séance du 11 décembre
1906, à la Chambre des députés (*J. off.*, du 12) il
disait que la loi ne serait définitivement appliquée
que lorsque le public tout entier consentirait à ce
qu'elle le fût entièrement, et collaborerait par la
modification de ses habitudes, la restriction de ses
exigences, à l'efficacité de son application. Sans
doute la généralisation du repos hebdomadaire, diminuera dans une mesure assez appréciable le trafic
des marchandises, les dimanches et jours fériés. Sans
doute il sera relativement facile de fermer entièrement les gares de petite vitesse ces jours-là et de donner toute liberté aux agents chargés d'assurer ce
service.

Nous avons vu d'ailleurs que les syndicats ouvriers
escomptaient beaucoup l'utilisation du personnel
ainsi libéré, pour effectuer les remplacements indispensables et faciliter par conséquent dans une très
large mesure la réalisation de la réforme proposée ;
ces espérances paraissent peut-être exagérées, car on
ne conçoit pas très bien au premier abord, comment

ces agents pourront bénéficier du repos hebdomadaire, si on les utilise pour remplir les emplois
vacants, les jours où leur propre service doit chômer, ni par contre, de quelle utilité ils pourront-être,
s'ils doivent se reposer tous les dimanches.

Mais quelle augmentation du nombre des voyageurs le repos du dimanche généralisé n'entraînera-t-il
pas, tout au moins à l'entour des grandes villes ;
pour l'immense majorité des employés ou des
ouvriers en effet, dès que les premiers beaux jours
sont revenus, le repos du dimanche n'est pas complet sans une évasion de quelques heures à la cam-
pagne, et le service des trains de voyageurs doit être
parfois décuplé, surtout dans la banlieue de Paris. Il
est donc impossible de ce chef de songer à imposer
aux compagnies de chemins de fer l'obligation de
concéder à tout le personnel, le repos du dimanche.

D'autre part, les nécessités de l'exploitation, les
conditions spéciales du travail des agents de la traction (mécaniciens, chauffeurs, conducteurs) rendent
très difficile l'adoption d'une unité de durée du travail aussi brève que la semaine ; de même qu'il a été
impossible d'adopter comme unité pour la réglementation du travail quotidien, la journée de vingt-
quatre heures (le projet Berteaux qui avait adopté
cette unité a été vivement critiqué, même par les
ouvriers, et le principe du roulement est redevenu
nécessaire) de même il semble que la nécessité

d'accorder un jour de repos tous les sept jours soit véritablement inconciliable avec les exigences actuelles de l'exploitation, à moins d'envisager une réforme, qui entraînant la refonte de tous les roulements actuellement en vigueur, serait la cause de dépenses très considérables.

Enfin, le personnel des chemins de fer paraît très attaché aux usages anciens, aux termes desquels chaque employé bénéficie chaque année d'un congé de longue durée, et certains agents renoncent même à tout repos pendant deux ou trois ans, pour avoir droit après ce délai à une prolongation de vacances. Or, on ne peut évidemment songer, à moins d'établir au profit du personnel des compagnies sans distinction, un privilège que, pour la plupart, rien ne justifierait, car leur situation est généralement préférable à celle des ouvriers de l'industrie, à cumuler ce congé de longue durée avec le repos hebdomadaire.

C'est pourquoi, sous le bénéfice de ces observations, il apparaît que le régime adopté par les compagnies réalise assez heureusement, la conciliation d'exigences quelque peu contradictoires.

D'ailleurs l'exemple des autres pays et des dispositions adoptées par les législations étrangères concernant la réglementation du travail dans l'exploitation des voies ferrées, permet de se convaincre que les mesures prises par nos compagnies présentent

un véritable caractère libéral et que l'administration qui les a dictées s'est montrée très sincère-
ment soucieuse d'assurer le bien-être du personnel
qu'elle dirige et qu'elle emploie.

Sans doute en *Espagne*, la loi du 23 mars 1904,
qui interdit tout travail industriel le dimanche, vise
dans son article 1 les entreprises de transport, mais
les articles suivant prévoient des dérogations en
faveur de certaines entreprises ou de certains établissements qui doivent être énumérés et déterminés
par des règlements d'administration publique.

Dans *l'Argentine* le décret du 18 novembre 1905,
rendu en exécution de la loi du 31 août 1905, sur
l'observation du repos dominical, prévoit la faculté
de travailler pendant toute la journée du dimanche
au profit des compagnies de chemin de fer, afin d'assurer tout au moins le service des trains de voyageurs, la réception et l'expédition des marchandises
en grande vitesse et des objets recommandés.

En *Allemagne*, l'arrêté du ministre des Travaux
publics en date du 23 février 1903 (*Bull. de l'off.
intern. du trav.*, 1903, p. 126) décide qu'on accordera
à chaque employé au moins deux jours de repos par
mois, ces jours de repos dont la durée doit être au
moins de vingt-quatre heures doivent autant que possible être donnés le dimanche ; dans tous les cas,
toute facilité doit être accordée ce jour-là aux agents,
d'assister aux offices religieux. Dans les compagnies

d'intérêt secondaire, un jour par mois seulement est accordé.

En *Belgique*, la loi du 17 juillet 1905 sur le repos du dimanche paraît également s'appliquer aux chemins de fer. Mais l'article 4 permet d'occuper les employés treize jours sur quatorze ou six jours et demi sur sept, sans même que le jour de repos doive nécessairement être un dimanche. (*Bull. intern. de l'Off. du trav.*, 1905, p. 213.)

En *Angleterre*, l'act de juillet 1893 a organisé dans notre matière un système de surveillance assez curieux. Le ministre des Travaux publics est autorisé à recevoir et à examiner toutes les réclamations des employés de chemins de fer au sujet de la durée excessive de la journée de travail, ou de l'impossibilité dans laquelle les agents peuvent être mis de remplir leurs devoirs dominicaux.

Si le ministre découvre un abus, il a le droit d'ordonner à l'administration du chemin de fer fautif de lui soumettre dans un certain délai une réglementation meilleure. Dans le cas où la compagnie refuse de se soumettre à cette injonction, le ministre doit porter le conflit devant une juridiction administrative constituée par les commissaires des chemins de fer et des canaux ; cette commission examine le litige et peut imposer à la compagnie, pour l'obliger à s'exécuter, des amendes très élevées qui peuvent atteindre 2.500 francs par jour de retard.

Mais l'exemple le plus intéressant est celui de la *Suisse* qui est à l'heure actuelle entrée franchement dans la voie de la réglementation.

Cette réglementation concernant les conditions du travail dans les chemins de fer, a été édictée par la loi du 19 décembre 1902 (*Feuille fédérale suisse*, 7 janvier 1903, p. 1) qui abroge toute législation antérieure.

Cette loi s'applique aux entreprises de chemins de fer et de navigation à vapeur, et à toutes les entreprises de transport et de communications concédées par la confédération ou exploitées directement par elle. Elle régit toutes les personnes qui ont l'obligation de vouer tout leur temps ou la majeure partie de leur temps au service d'exploitation de ces entreprises (art. 1).

La durée réelle du travail des fonctionnaires, employés et ouvriers, ne doit pas dépasser onze heures par jour ; et le Conseil fédéral conserve même le droit d'ordonner que cette durée soit réduite lorsque des circonstances spéciales rendent cette réduction nécessaire (art. 2).

Chaque période de vingt-quatre heures doit comporter un repos ininterrompu de dix heures au moins pour le personnel circulant des locomotives ou des trains, et de neuf heures au moins pour le reste du personnel ; toutefois le repos peut être réduit à huit heures au moins lorsque l'employé demeure dans un bâtiment de l'entreprise situé à proximité de l'endroit où il travaille.

La durée du repos peut d'ailleurs, même pour le personnel circulant des locomotives et des trains, être réduite à huit heures : 1° lorsque des circonstances spéciales l'exigent, ou 2° lorsqu'il est possible d'accorder ainsi aux employés des repos plus longs à la résidence, à la condition que les employés jouissent néanmoins d'un repos ayant au moins neuf heures ou dix heures, tous les trois jours.

En outre la journée de travail doit être coupée en deux parties par un repos d'une heure au moins, le repos devant autant que possible être pris à la résidence.

La durée des heures de présence, durant les vingt-quatre heures se trouve ainsi fixée au maximum à quatorze heures pour le personnel des locomotives et des trains, à douze heures pour les femmes gardes-barrières, et pour tout le reste du personnel à seize heures s'il loge dans un bâtiment de l'entreprise situé à proximité de l'endroit où il travaille ; à quinze heures dans le cas contraire.

Mais ici encore des dérogations possibles sont prévues, et la durée maxima de la présence effective peut être portée de quatorze à seize heures si des circonstances particulières l'exigent à la condition que cette durée soit tous les trois jours en moyenne, égale seulement à quatorze ou quinze heures.

En ce qui concerne le travail de nuit, c'est-à-dire le travail ininterrompu compris entre 11 heures du soir et 4 heures du matin, il est absolument interdit d'y assujettir les femmes.

Quant aux hommes on ne peut leur imposer plus de quatorze nuits consécutives de service, et dans tous les cas, ce travail de nuit doit être calculé avec une majoration de 25 o/o dans les tableaux de service.

Enfin, et ce sont là les dispositions qui intéressent plus directement notre sujet, tous les fonctionnaires, employés et ouvriers, doivent avoir durant l'année, cinquante-deux jours libres convenablement répartis dont dix-sept coïncideront en tous cas avec un dimanche.

La suspension de travail a une durée minima de vingt-quatre heures; elle doit être prolongée de huit heures au moins, si elle n'a pas été précédée sans intervalle ou à peu d'intervalle du repos ininterrompu dont nous avons déjà prévu la durée.

Elle doit dans tous les cas se terminer par un repos de nuit et être fixée de manière à permettre à l'employé d'en jouir à son domicile (art. 6).

D'autre part (art. 7), tous les fonctionnaires, employés et ouvriers des entreprises de transport et de communication ont droit à un congé ininterrompu de huit jours au moins qui doit être pris su. les cinquante-deux jours de repos par an.

Toutefois certains avantages ont été prévus au profit des employés qui comptent déjà un certain nombre d'années de service.

Ainsi après la neuvième année de service ou la trente-troisième année d'âge révolue, le personnel des chemins de fer principaux a droit à ce congé ininterrompu en sus des cinquante-deux jours de repos. Le congé doit être prolongé d'un jour par trois années de service en sus.

Après la dixième année, le nombre des jours de congés annuels, y compris le congé ininterrompu est porté à soixante pour tous les fonctionnaires, employés et ouvriers des entreprises de transport et de communications.

Les années de service courent dès l'entrée au service d'une entreprise quelconque de transport ; il n'y a par conséquent pas de stage préliminaire, et le bénéfice de la loi est immédiatement acquis à tous ceux qui entrent au service de l'entreprise.

Il est bien entendu d'ailleurs que les jours de congés doivent être payés, c'est-à-dire plus exactement que l'entrée en vigueur de la nouvelle loi, n'a entraîné aucune diminution des salaires antérieurement payés (art. 7).

Afin de faciliter l'application de ces dispositions, certaines mesures générales ont été prises qui ont pour objet de réduire, à certains jours, les exigences de l'exploitation.

Ainsi l'article 9 interdit le service des marchandises le dimanche ainsi que les jours de fête générale ; tels que : Nouvel an, Vendredi-Saint, Ascension et Noël ; toutefois le transport du bétail et des marchandises en grande vitesse demeure toujours possible.

D'autre part chacun des cantons demeure libre d'indiquer quatre jours de fête annuels au cours desquels les marchandises en petite vitesse ne pourront être ni livrées ni acceptées.

Enfin, et comme les exigences de l'exploitation peuvent être très variables suivant les époques, les membres du Conseil fédéral sont autorisés à déroger par des mesures qui doivent toujours demeurer exceptionnelles aux dispositions de la loi.

Le contrôle de l'application de la réglementation légale est assuré par des fonctionnaires spéciaux du département des chemins de fer, et pour en faciliter l'exercice, le personnel doit tenir des cahiers de service, indiquant nominativement le décompte des congés alloués pour chaque agent.

Les contraventions à la loi sont punies à la requête du Conseil fédéral, par les tribunaux cantonaux d'une amende pouvant s'élever à 500 francs et qui en cas de récidive pourrait atteindre 1.000 francs.

D'ailleurs pour faire respecter le caractère absolument coercitif de la loi, cette peine pourrait être encourue alors même que l'employé, à l'occasion

duquel la contravention se serait produite, aurait
déclaré renoncer au repos garanti par la loi.

Quant aux ouvriers des grands ateliers, ils sont
soumis à la loi sur les fabriques.

Certaines difficultés se sont élevées à l'occasion
des ouvriers des ateliers, des dépôts ; devaient-ils
être assimilés aux ouvriers des grands ateliers et
par conséquent être soumis à la réglementation de
la loi sur les conditions du travail dans les fabriques, ou devaient-ils au contraire bénéficier des dispositions de la loi du 19 décembre 1902.

D'après la décision prise par le Conseil fédéral en
date du 2 juin 1905, les ouvriers doivent être soumis aux exigences de cette dernière loi. (*Feuille fédérale*, 23 mai 1906, p. 940.)

Le règlement du 22 septembre 1903 (*Bull. de
l'Off. intern. du trav.*, 1903, p. 412) a fixé les conditions dans lesquelles doivent être réparties et attri-
buées les journées de repos.

Parmi les jours libres trente-six au moins, par an,
doivent être fixés à l'avance, en évitant de les espacer de plus de quatorze jours. En outre le congé ininterrompu prévu à l'article 7 de la loi doit être fixé
pour chaque fonctionnaire, ouvrier ou employé au
commencement de l'année même et de telle façon
que tous les fonctionnaires ouvriers ou employés
jouissent à tour de rôle de leur congé pendant les
diverses saisons de l'année. Le reste des jours libres

doit être accordé en tenant compte des désirs des employés et des exigences du service, comme jours de congés groupés ou isolés.

Mais de toutes façons, les agents doivent jouir complètement au cours de l'année civile de leurs cinquante-deux jours de repos ; il leur est permis, avec l'assentiment des administrateurs, de faire entre eux le changement de leurs jours de repos, mais à la condition toutefois que le délai de l'un à l'autre n'excède jamais quinze jours.

D'autre part les dimanches libres ne doivent jamais être séparés par un intervalle de plus de cinq semaines ; et pour assurer l'exacte durée de la journée de repos, le règlement du 22 septembre 1903, stipule (art. 16) que lorsque le repos ininterrompu exigé par l'article 3 de la loi du 19 décembre 1902 se trouve séparé du jour libre qui le suit, par une période de service $<$ trois heures, le jour libre comptera intégralement vingt-quatre heures ; mais que si cette période de service est $>$ trois heures, ou si le jour libre suit immédiatement un service journalier, le repos devra comporter au moins trente-deux heures, dans le cas où deux ou plusieurs jours libres sont réunis, les huit heures additionnelles ne sont portées qu'une fois en compte.

Lorsque le jour libre est écoulé, le travail doit être repris le matin entre 4 et 10 heures.

Quant aux employés supplémentaires qui ne sont

pas occupés régulièrement, ils doivent bénéficier d'un jour libre tous les six jours de travail consécutifs, de telle sorte que dans tous les cas, chaque troisième dimanche soit un jour de repos.

Enfin lorsque des époux sont au service de la même compagnie ou de la même entreprise, il y a lieu de décider qu'ils auront au moins dix-sept dimanches libres communs, on doit dans tous les cas tâcher de faire coïncider les jours de repos qui sont accordés à l'un et à l'autre.

La législation suisse a maintenu, pour le calcul des délais et des jours de repos, le cadre de l'année civile. C'est également par année civile que doit être calculé le repos ininterrompu : lorsqu'un employé n'y a droit que postérieurement au 1er janvier, le congé se calcule à partir du moment où le droit est né, à raison de deux jours par trimestre, deux mois pleins étant comptés, pour un trimestre, et toute durée inférieure étant négligée.

La répartition des jours libres doit être faite à l'avance ordinairement pour l'année civile, quelquefois pour une période d'horaire, exceptionnellement par mois.

Certaines facilités ont été accordées aux compagnies d'intérêt secondaire, légitimées par les exigences moindres de leur trafic, le caractère moins certain des menaces de surmenage (règlement, 9 oct. 1903, *Bull. off. int. du trav.*, 1903, p. 415).

Ainsi, indépendamment de certaines facultés de dérogation concédées pour le calcul de la journée de travail, il est décidé notamment en ce qui concerne les jours de repos que les huit jours de congé supplémentaire qui doivent être accordés aux agents après la dixième année de service, s'imputeront toujours sur l'année civile, de même les dimanches libres peuvent exceptionnellement être séparés par des intervalles de six semaines; mais chaque agent doit dans tous les cas bénéficier des dix-sept dimanches qui lui sont garantis par la loi.

Les dispositions de la loi, paraissent d'autre part assez exactement appliquées et ne pas donner matière à de trop grandes difficultés, grâce aux dérogations qui sont toujours accordées pour faire face aux exigences des périodes de trafic intense.

Les rapports, présentés à l'Assemblée fédérale, par le département des chemins de fer, permettent de suivre, année par année, les conditions d'exercice de la réglementation légale.

En 1905 comme en 1904, des dérogations exceptionnelles ont été accordées aux entreprises de transport, de septembre à novembre, le jour du jeûne fédéral excepté, pour faire face aux exigences du trafic d'automne. (Rapport pour l'année 1905. *Feuille fédérale*, 23 mai 1906, p. 941.)

En 1906, ces dérogations avaient été les suivantes ; les chemins de fer fédéraux avaient été autorisés,

afin de pouvoir faire face à la circulation intense oc-
casionnée par la fête fédérale de gymnastique et par
le transport des troupes à la fin des manœuvres
d'automne, à transférer sur d'autres jours, les jours
de repos fixés d'avance pour le personnel du 14 au
17 juillet; ainsi que du 12 au 13 septembre : elles
avaient pu également augmenter un peu, à la condition d'éviter tout surmenage d'ouvriers, la durée de
la journée de travail.

D'autre part, les mesures prises pour faire face
aux exigences du trafic d'automne avaient été les
suivantes :

1° Facilité de faire travailler les dimanches et jours
fériés, le matin seulement, dans les hangars à marchandises ;

2° Faculté d'ajouter en cas de nécessité des wagons
à marchandises, les dimanches, aux trains omnibus
s'y prêtant le mieux et affectés ainsi au transport des
marchandises.

3° Faculté d'organiser les dimanches, des trains de
marchandises autant que le trafic d'automne l'exi-
geait.

D'autre part, certaines compagnies secondaires
ayant demandé à bénéficier des mêmes exceptions,
cette faveur leur avait été refusée.

Le service du contrôle avait relevé un nombre
assez considérable d'irrégularités dans l'application
de la loi sur la durée du travail ; une administration

qui, à plusieurs reprises, n'avait point observé la loi, avait été poursuivie et condamnée ; d'autre part, dans plusieurs administrations, les registres nominatifs étaient encore irrégulièrement tenus (1).

Enfin grâce à de nombreuses démarches, les prescriptions légales s'appliquaient aux employés stationnés en territoire suisse de la Compagnie Internationale des wagons-lits, et à la Compagnie Suisse des wagons-restaurants, conformément au règlement du 25 novembre 1905. (Rapport pour 1906. *Feuille fédérale*, 8 mai 1907, p. 419 et suiv.)

L'étude de ces rapports annuels permet de se rendre compte du caractère strict du contrôle qui est exercé sur l'exploitation des chemins de fer ; comme on peut le constater d'après les exemples indiqués, les dérogations exceptionnelles, qui d'abord doivent être formellement accordées par le Conseil fédéral, dans chacun des cas où les circonstances spéciales les font paraître nécessaires, sont extrêmement limitées : c'est pendant un jour ou deux, au moment des manœuvres d'automne, que les repos périodiques peuvent être suspendus, et encore faut-il que la compensation due à l'agent ainsi atteint dans ses droits soit immédiatement accordée.

---

1. Le rapport pour 1905 indiquait déjà la mauvaise tenue de ces registres, les abus auxquels ils donnaient naissance, et envisageait la question de savoir s'il ne vaudrait pas mieux en supprimer l'exigence. (*Feuille fédérale*, 25 avril p. 1906, 160.)

D'autre part, le contrôle s'exerce d'une manière très efficace ; le rapport de 1906 (*loc. cit.*) cite le cas d'un employé, auquel on avait refusé un congé de huit jours qui lui était dû, parce qu'il avait été malade à l'époque fixée pour ce congé ; le service du contrôle a exigé qu'une compensation fut immédiatement accordée, et que droit fut fait à sa réclamation.

Et cet exemple nous permet alors de formuler la principale critique que l'on puisse adresser à l'organisation actuellement adoptée par les grandes compagnies françaises. Ce que l'on peut reprocher à cette organisation, c'est justement de ne pas être une réglementation légale ; c'est d'être entièrement dépourvue de caractère coercitif ; c'est d'être purement bénévole et spontanée. Non pas que l'on ne doive reconnaître tout le mérite du geste des compagnies, s'astreignant volontairement à des exigences qui n'avaient point été formulées pour elles, mais parce que tout contrôle devenant impossible, il est peut-être à craindre que les dérogations prévues ne prennent trop facilement un caractère de périodicité et de régularité.

L'autorité gouvernementale se trouve à l'heure présente entièrement désarmée ; le contrôle ne peut légalement s'exercer qu'au profit de la minorité du personnel.

Les compagnies sont seules juges de l'utilité des

dérogations dont elles doivent bénéficier et de la durée qu'elles doivent leur donner.

Il serait évidemment injuste de suspecter à l'avance l'entière bonne volonté des compagnies et de les croires prêtes à négliger des règles qu'elles ont elles-mêmes formulées. Mais ces règles étant très certainement gênantes, il est peut-être à redouter que des défaillances, des négligences se produisent. Peut-être les garanties offertes au personnel sont-elles un peu insuffisantes, et la surveillance du ministre des Travaux publics, condamné pour le moment, à une trop complète inefficacité.

La réforme est évidemment trop récente encore, pour qu'on puisse en apprécier toute la portée pratique, mais l'on comprend pourquoi, même après sa réalisation, le personnel des chemins de fer attend avec une impatience toujours aussi grande le vote définitif de la loi Berteaux (16 mai 1908).

Vu : le Président de la thèse,
RAOUL JAY

Vu : le Doyen,
LYON-CAEN

Vu et permis d'imprimer :
Le Vice-Recteur de l'Académie de Paris
L. LIARD

TABLE DES MATIÈRES

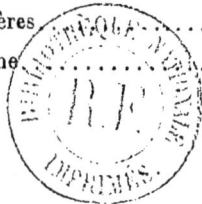

Imp. HENRI JOUVE, 15, rue Racine, Paris.

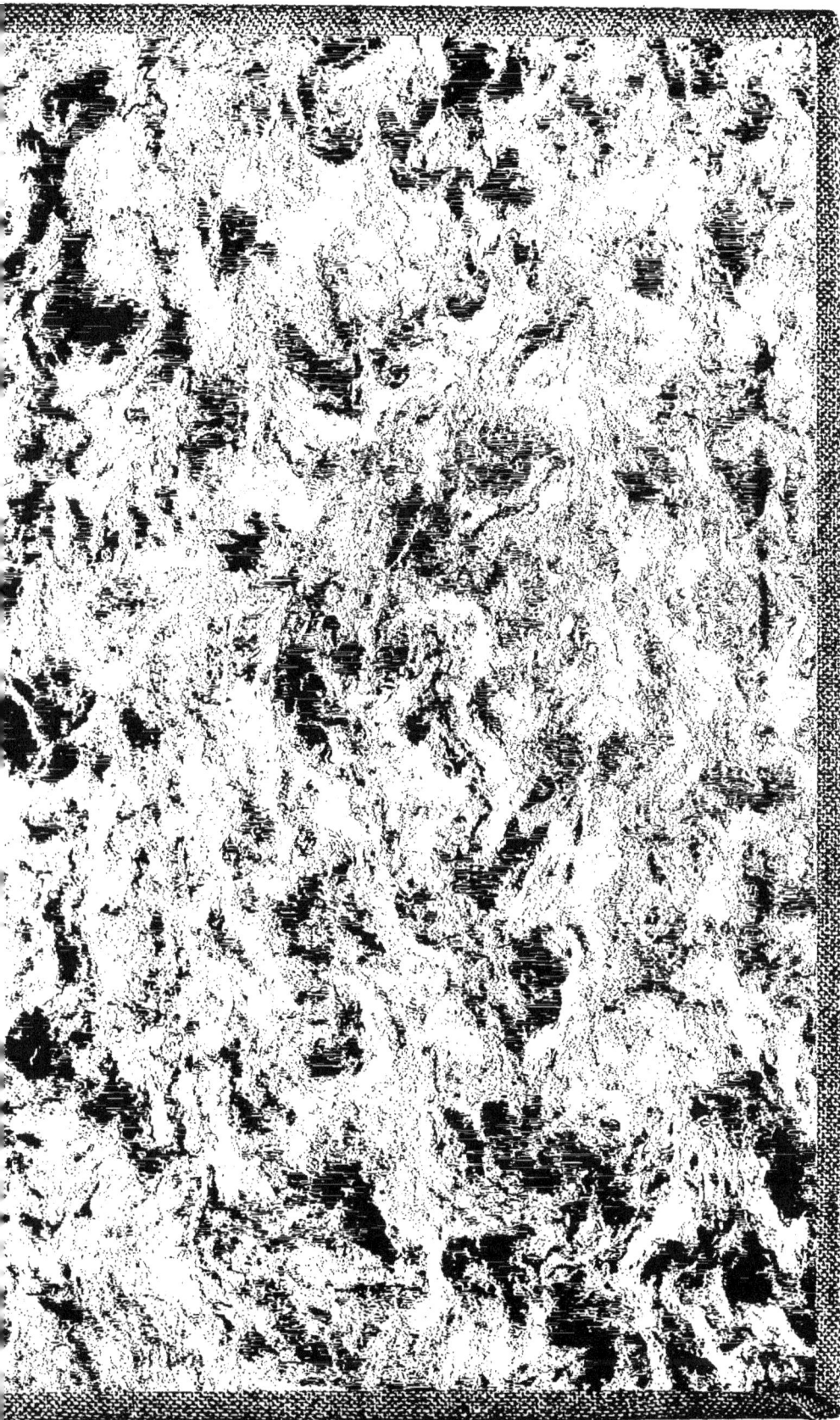

www.ingramcontent.com/pod-product-compliance
Lightning Source LLC
Chambersburg PA
CBHW062002200326
41519CB00017B/4634